道家史論

莊萬壽自署

莊萬壽著

自序

1945 年秋天，我成了戰後第一批入學讀中國書的台灣小學生。在成長與學習的歲月中，正是國民黨政府不遺餘力的在校園中推展黨化的傳統儒家之理倫教條；在大學中文系的課程，以孔孟四書爲正統；研究生的論文，亦以儒家經學爲尊貴。儒家像千百年來一樣依然是足以安富尊榮的顯學。

然而我選擇了自然謙卑的道家，做爲我學位論文的題目。三十年來，我興趣廣泛，術業多門，雖然又跨到了文學、史學、與台灣學的研究，但是道家依然是我學術生涯的主軸之一。特別是道家崇尚自由、反抗壓迫、批判權力與禮教、主張生態與保育，具有反映現代的意義。在苦悶的威權時代裡、閉鎖的漢學園圃中，道家無異是僅有的一朵奇葩，綻放著清香與喜悅。

我打拼的栽種，潛心於思想與歷史的整合，除了列子、嵇康幾本專書外，尚有近二十篇較有原創性的道家思想史論述，現在集結成兩書，一是《莊子史論》，一是這本《道家史論》，本書所呈現突破性的或異類性的見解，包括以下數端。

〈道家起源新探〉是從諸子起於異國異文化論的推衍，我較早的從新舉證探究道家不是江漢的楚學，而是淮北的東夷文化。而〈道家流變史論〉，是全面梳整道家流變之大略，可分爲六期。這篇文章本是作爲大英百科全書的「道家」之用的。

〈太一與水之思想探究〉，是第一篇對楚簡「太一生水」的思

想史詮釋。〈太一生水〉在思想史缺乏承先啓後的脈絡，該簡被斷爲戰國中葉作品，失之太早。

〈學庸與黃老之關係〉一文，定爲學庸皆受黃老影響，尤其與淮南子文句雷同尤多，疑二文之編集，與漢初淮南子同時。

〈阮籍與嵇康〉，乃首次以心理分析與未用過的文獻來重新解剖阮籍的性格言行，其獨見受學術界的引用。

最後三篇〈列子〉，我是台灣最早用地氈式的方式研究〈列子〉。〈列子新證〉，是 1984 年在京都大學的公開演說，以爲〈列子〉依舊是戰國或秦漢間作品，不是僞書。而〈列子校正〉約百條，是校書家從未舉出的。而注〈列子的張湛〉，史書無傳，我是復原其傳記，又從其注列子體例中澄清他並不是爲僞造〈列子〉的人物。

〈道家史論〉是我在萬卷樓出版一系列「莊萬壽文集」的第一本，以下還有莊子、史通、農家、日韓學術文化等等的論文集。最後感謝梁錦興總經理和我的學生李冀燕小姐的支持與幫助。

莊萬壽 2000 年 4 月 12 日凌晨

目　錄

道家起源新探

向來學者都認為道家是楚學，經本論文全面探討後，的確老莊思想有若干與長江流域文化有關。然而就全體道家思想而言，卻與楚文化迥然不同，特別是無神思想與楚巫鬼信仰的對立，而相反的與周史官有密切的關連，包括史官的人文思想、歷史經驗、辯證法思想。此外道家所批判的聖智、仁義、法令，皆為北方才有的社會問題，而道家的太一與寬柔思想，亦為北方淮水一帶所專有。

本文窮究本源，道家起於殷遺民為首的東夷族知識階層，他們於亡國之後，在周王室或諸侯國充當史官，累積了理性的知識，批判華夏族的文化，而成為道家的先驅。如老子就是晚期史官集團的代表，與莊子等道家學者多住淮北殷商淮夷舊地，戰國合併於楚國，因此成為楚人，所以足證明《漢書‧藝文志》所稱：「道家者流，蓋出於史官。」是正確的。

前　言

諸子是春秋、戰國時，對西周以來封建結構逐漸瓦解與重組的過程中，所反映的各個不同階層性及地域性的學說。

道家是在野的學派，反對一切發展中的政治結構及其所依存的制度、禮數。其人物縱使不是隱者，亦多撲朔迷離，若隱若

現。而在傳世聞知的人物中，正好大多數爲楚人。《史記‧老子傳》稱老子爲楚人①，《漢書‧藝文志‧道家》稱鬻子（班固自注：「名熊，周封爲楚祖。」）、蜎子（注：「名淵，楚人。」）、長盧子（注：「楚人。」）、老萊子（注：「楚人。」）、鶡冠子（注：「楚人。」）皆楚人②。至於《史記》稱莊子爲蒙人。蒙，原屬宋國，地近於楚，莊子死後宋亡，或許蒙屬於楚③。這與老子生時苦縣尚屬於陳，而後再歸於楚一樣④，則莊周也姑且算是與楚有關的人物了。

由此可知道家之於楚，與儒家之於魯，法家之於三晉、陰陽之於齊、神仙之於燕，都可以從統計上歸納出諸子百家是具有強烈的異國性色彩的。

劉師培在清末作《南北學派不同論》稱：

> 「東周以降，學術日昌，然南北學者立術各殊，以江河爲界劃，而學術所被，復以山國澤國爲區分。……蓋山國之民，修身力行則近於儒，堅忍不拔則近於墨，此北方之學所由發源於山國之地也。楚國之壤，北有江漢，南有瀟湘，地爲澤國，故老子之學起於其間，從其說者，大抵遺棄塵世，渺視宇宙，以自然爲主，以謙遜爲宗，如接輿沮溺之避世，許行之並耕，宋玉、屈平之厭世，溯其起源，悉爲老聃之支派，此南方之學所由發源於澤國之地也。由是言之，學術因地而殊，益可見矣。」⑤

文化是某一人民在某一土地上生活的產物，怎樣的人民與地域環境，就有怎樣的文化。《文心雕龍‧物色篇》說：「歲有其物，物有其容，情以物遷，辭以情發。」〈時序篇〉也說：「文變

染乎世情，興廢繁乎時序。」

當商周之時，長江中下游為苗蠻部族集團住地，而楚人為苗蠻的一支，原居湖北荊山，即漢水支流沮漳水流域一帶⑥。春秋到戰國中葉都城皆在湖北江漢交流附近，先在丹陽，再遷郢，再偏北到鄀，又回到郢。而其勢力不斷向東擴張，兼併其他苗蠻部落，以及江北之華夏集團及東夷集團的一些小國⑦，到公元前306年滅越，幅員瀕臨東海，佔據了江淮流域的大片土地，幾乎佔當時中國之半。所統治的民族眾多，在長江流域不少是比較接近原始社會的部落，裸體斷髮，紋身紋臂。《戰國策‧趙策》：「祝髮文身，錯臂左衽，甌越之民也。」《列子‧湯問》：「南國之人，祝髮而裸。」他們分布在原野、沼澤、江湖、森林之間，過著農耕、或漁獵、或採集的生活。崇拜自然神祇，信仰鬼靈巫術。

一、道家與楚文化的關係

現在從長江流域的區域文化色彩，來印證道家著述中的思想，其關係似乎不很密切，茲分述如下：

㈠老子的母系社會性格與生殖崇拜

老子時以谿、谷、門等低下深邃的孔道，來暗喻生命、生育、自然的象徵。第六章稱：

> 「谷神不死，是謂玄牝。玄牝之門，是謂天地根。綿綿若存，用之不勤。」

玄牝，即是女性生殖器⑧，以喻天地萬物的源頭，永恆蘊藏生機。古代長江、黃河南北新石器時代皆有母系氏社會的階段，但南方發展較慢的苗蠻東夷民族所殘存的母系社會，重視女權，崇拜牝器生殖的殘遺觀念，或被老子吸收進去，並與柔弱思想相結合而成爲老子的自然觀。而這種母系社會遺風，居然仍存於今日的四川貴州⑨。

㈡莊子的浪漫主義思潮

《莊子》書「以謬悠之說，荒唐之言。」（〈天下篇〉）陳述神話、寓言、哲理，可謂盡其詭譎幻妙、瑰瑋弘大之能事，具體的說是想像豐富、推理細緻、情思澎湃、辭采奇特。這種風格唯南方《楚辭》近似之。在材料上，多取楚事，如冥靈、大椿（〈逍遙遊〉）、郢人堊漫（〈徐无鬼〉）。在章法上，如《莊子・天運篇》與《楚辭・天問》頗有相近之處⑩。

㈢此外，在老莊的用詞中有些是屬南方性的或南方楚方言。

如「芻狗」是南方祭俗（《老子》五章，《莊子・天運》），「吉事尙左」⑪（《老子》三十一章）、「怒」（〈逍遙遊〉）、「蟪蛄」⑫（〈逍遙遊〉）等等用語可能與楚有關。不過《莊子》書曾是漢初住江淮間的淮南王門客蒐集過的，自然混有楚國的一些資料⑬。

然而，道家思想有與楚文化根本不同之處，重要的是道家無神思想，與楚國的巫鬼信仰有其不可調和的矛盾。

二、道家自然思想與楚國巫鬼信仰之矛盾

　　道家大致稱得上是無鬼神的自然主義者。《老子》首先揭櫫自然之道，揚棄了自古以來有賞罰能力的「昊天」「上帝」「天道」。如：

　　《詩·雲漢》：「昊天上帝，寧俾我遯。」

　　《國語·周語》下：「今君日將有亂，敢問天道乎？抑人故也？」⑭

　　老子以為道是沒有天地之先已經就存在的實體，永恆不息的循環活動，並創造萬物，成為「天下之母」，而「道」最高的依據，就是「道法自然」。（二十五章）

　　莊子也一樣認為「道」是「有情有信，無為無形」（〈大宗師篇〉）的，在萬物之中，不分人所謂的貴賤，而「無所不在」（〈知北遊篇〉）的存在，毫無含有宗教上神的性格。

　　然而長江流域的荊楚，卻是最迷信的地方。

　　《呂氏春秋·異寶》：「荊人畏鬼，而越人信禨。」

　　《漢書·地理志》：「楚有江漢川澤山林之饒，……信巫鬼而重淫祀。」⑮

　　王逸《楚辭·九歌序》：「〈九歌〉者，屈原之所作也。昔

> 楚南郢之邑，沅湘之間，其俗信鬼而好祀，其祀必使巫覡作樂，歌舞以娛神。蠻荊陋俗，詞既鄙俚，而其陰陽人鬼之間，又或不能無褻慢淫荒之雜。」⑯

甚至於老聃故鄉，稍偏北的陳國亦然。

> 《漢書·地理志》：「陳國……好祭祀，用史巫，故其俗巫鬼。」⑰

一直到後漢江南仍然信鬼。

> 《後漢書·第五倫傳》：「會稽俗多淫祀，好卜筮，民常以牛祭神，百姓財產以之困匱。」⑱

在這一大片原始宗教氣氛瀰漫的大地上，春秋時代，或戰國初年，知識封閉的楚國貴族，是缺乏冒出無神論的客觀條件，老子的無神思想絕非出於楚國，在戰國末，屈原作〈天問〉，是他個人被壓抑的困頓中對天的問難，確實對自然神祇產生懷疑。不過這可能是他已受到老莊及齊稷下士理性學風的影響。⑲由此知道家老莊其書與楚文化關係，並不如一般想像的那麼密切。倒是有若干項重要思想，卻是來自北方黃河流域的，而都與周史官攸關，茲分別探討如下：

三、道家繼承北方史官的無神主義

道家無神思想是從包含老子在內的北方史官重人輕神的人文

精神而來。

周史官之名很多，大概掌理文獻、檔案、策書、主持卜筮，或記錄國事、君王言行等職務。在天子王室、諸侯公室中幾乎是最有權威性的臣僚，所以地位很高，甚至成為王者之師，如武、成王時的史佚⑳，成王曾向他問政，並曾有《史佚之志》㉑，後又有戾史周任㉒與史伯，史伯在幽王時曾告鄭桓公遷居東土㉓。他們的言論，成了統治階層中為政做人的嘉言。有些是極富有歷史經驗的理性思想。如秦穆公擄獲晉惠公，公子縶主張殺，子桑反對，他說：「史佚有言曰：『無始禍，無怙亂，無重怒。』重怒，難任；陵人，不祥。」指不要製造禍患，不要依賴動亂求利，不要增仇怨。否則人家受不了要反撲，欺侮人是不吉利的。這不是與老子稱「以道佐人主者，不以兵强天下，其事好還。」（三十章）「聖人執左契，而不責於人。」（七十九章）同義嗎？又晉大大羊舌肸聘於周引史佚有言「動莫若敬，居莫若儉，德莫若讓，事莫若咨」來稱讚周王卿王單靖公，其中的儉、讓、咨（寡、失），皆同於後來老子的思想㉔。

西周幽、厲之際，社會動蕩，人們開始疑天怨人㉕。史官更是重視客觀的歷史規律，如幽王時，鎬京地震，太史伯陽父透過陰陽失和的自然律，而不用天罰的觀點，來預言「國亡不過十年。」㉖進入春秋，史官雖職司所在，或不敢違逆君主的迷信，而主張無神，但言語中卻曲折的以人來否定神。魯莊公三十年，傳有神明下降於虢，周內史過應惠王之問，說：

　　「國之將興，明神降之，監其德也；將亡，神又降之，
　　觀其惡也。」

後來內史過親自到虢國又回來說：「虢必亡，虐而聽於神。」而虢國史官囂也看出敗象，說：

> 「虢其亡乎！吾聞之，國將興，聽於民；將亡，聽於神。神，聰明正直而壹者也，依人而行。」㉗

神是依人的意志而行的命題，是春秋史官的偉大貢獻。魯僖公十六年，在宋國五個隕石落下，六隻鷁鳥被風吹倒飛。周內史叔興正好訪問宋國，宋襄公問他「吉凶焉在？」他只好胡謅「……君將得諸侯而不終。」事後他告人說：

> 「君失問，是陰陽之事，非吉凶所在也。吉凶由人，吾不敢逆君故也。」㉘

四、道家繼承北方史官的歷史經驗

史官有豐富的學養，理性的認知，能歸納歷史規律，正確的來推測未來的發展，像西周末周太史伯向鄭桓公說：「凡周存亡，不三稔（年）矣。」又預言：「國大而有德者近興，秦仲、齊侯，姜、嬴之儁也，且大，其將興乎！」㉙又魯桓公二年，不知名的周內史聞魯大夫臧哀伯以理勸諫桓公不該收宋所賄賂的郜大鼎，說：「臧孫達其有後於魯乎！不忘諫之以德。」又上述內史過料定虢國必亡，後來又看到晉惠公惰怠無禮的接天子所賜瑞玉，因預言惠公將無後嗣，不能長世㉚。又周內史興（即叔興）至晉，文公以禮待之，他預言「晉不可不善也，其君必霸。」㉛周內史叔服見宋、齊、晉內部亂象已生，正好有彗星入於北斗，

他預言：「不出七年宋、齊、晉之君將死亂」㉜這些預言最後都是正確的。至於立於周太祖后稷之廟的金人之銘㉝，所稱的「無多言」「無多事」「福根」「禍門」「彊梁者不得其死」「知天下之不可上，故下之」「執雌持下」「江海長於百川，以其卑也」的謹慎處世之道，與《老子》言辭、思想最爲接近，恐亦周史官所作。《漢書‧藝文志》：

> 「道家者流，蓋出於史官，歷記成敗存亡禍福古今之道，然後知秉要執本，清虛以自守，卑弱以自持，此君人南面之術也。合於堯之克攘，易之嗛嗛，一謙而四益，此其所長也。及放者爲之，則欲絕去禮學，兼棄仁義，曰獨任清虛可以爲治。」

班固以漢儒立場曲解諸子，前半所謂「所長」部分，則是道家所繼承的史家歷史經驗主義，後半則是獨立的道家思想。老子，字耼，周守藏室之史。司馬貞稱爲周藏書室之史㉞。主要掌管圖書檔案的史官，有淵博的知識和高度的智慧，他的一生正涵蓋這兩半，前者他繼承了以周王官史官爲首的歷史經驗，後者他又爲戰國道家開拓批判性的自然主義。

在《老子》書俯拾可得這樣歷史經驗的文句：「天長地久，天地所以能長且久者，以其不自生，故能長生。」（七章）「持而盈之，不如其已。……富貴而驕，自遺其咎。功成身退，天之道。」（九章）「能知古始，是謂道紀。」（十四章）「天下神器，不可爲也。爲者敗之，執者失之。」（二十九章）「物壯則老，是謂不道。」（三十章）「禍兮，福之所倚；福兮，禍之所伏。」（五十八章）「爲之於未有，治之於未亂。」（六十四

章）

五、道家繼承北方辯證法思想

　　早期史官原有做占卜前兆的工作，後來部分史官擺脫了迷信從研究歷史規律中，培養出銳利的分析與推理能力，他們能看出在社會發展中產生內部矛盾的對立現象，知道對立再歸於統一；而新生的事物，一定要由不同成分的對立後，才可經融合而產生。在中國哲學史上最早提出這種辯證法思想的人，為西周末王朝史官伯，他為鄭桓公來分析周幽王將敗亡之象，幽王拋棄開明有見識的智者，而喜歡逢迎阿附跟他同一論調的小人，是為「去和而取同」又說：

　　　　「夫和實生物，同則不繼，以他平他謂之和，故能豐長
　　　而物歸之，若以同禪同，盡乃棄矣。故先王以土與金、木、
　　　水、火雜，以成百物。是以和五味以調口，剛四支以衛體，
　　　和六律以聰耳……聲一無聽，物一無文，味一無果，物一不
　　　講。」㉟

　　「調和」是創造事物的基礎。「同一」是不能創造事物的，以許多不同的單一相結合，才叫調和，所以能生生不息，衍生萬物，如以相同的單一來相加，最後一定會敗棄。因此為政要選擇持不同意見的諫臣。在這理論下，整個春秋時代，理性的士人，大多受到他的影響。

　　晉國大夫伯宗是一個有見識、膽識的人文思想者，他曾說：

「諺曰：『高下在心』川澤納污，山藪藏疾，瑾瑜匿瑕，
國君含垢，天之道也。」㊱

高或下不是絕對的，而由心裁決。而美中有惡，瑜中有瑕，
國君爲一國之長，必能忍一國之垢，《老子》不是說：「受國之
垢，是謂社稷主」（七十八章）此外，齊景公喜歡寵臣梁丘據，
說：「唯據與我知夫。」晏嬰則認爲這是「同」不是「和」，晏
子向齊侯說：

「和如羹焉。水、火、醯、醢、鹽、梅，以烹魚肉，燀
之以薪。宰夫和之，齊之以味，濟其不及，以洩其過，君子
食之，以平其心，君臣亦然，君所謂可而有否焉。臣獻其否
以成其可；君所謂否而有可焉，臣獻其可以去其否，是以政
平而不干，民無爭心。……清濁、小大、短長、疾徐、哀
樂、剛柔、遲速、高下、出入、周疏，以相濟也。……今據
不然。君所謂可，據亦曰可；君所謂否，據亦曰否。若以水
濟水，誰能食之，若琴瑟之專壹，誰能聽之，同之不可也如
是。」㊲

晏子是秉承了史伯的說法，「和」如調羹，就要加不同的佐
料，才好吃，君臣就是要有相對的意見，才能調和。所以事物的
矛盾如清濁、大小，雖對立而可以統一。

魯昭公三十二年時，他被大夫季氏放逐，死於乾侯，晉國上
卿趙簡子問史墨：「季氏趕走國君，而人民順從，諸侯親附，爲
何沒有人去聲討季氏呢？」史墨說：

> 「物生有兩、有三、有五、有陪貳。故天有三辰、地有
> 五行，體有左右，各有妃耦，王有公，諸侯有卿，皆有貳
> 也。天生季氏，以貳魯侯，為日久矣。民之服焉，不亦宜
> 乎！魯君世從其失，季氏世修其勤，民忘君矣。雖死於外，
> 其誰矜之？社稷無常奉，君臣無常位，自古以來。故詩曰：
> 『高岸為谷，深谷為陵。』三后之姓，於今為庶。主所知也。
> 在易卦，雷乘乾曰大壯☳☰，天之道也。」㊳

史墨是晉國史官，是春秋後期傑出思想家。史伯及其後只是
指出事物內部的矛盾，由對立而調和統一。而史墨更進一步以為
矛盾的雙方有主輔的關係，而透過主輔的易位，達成相互轉化。
季氏為諸侯之卿，魯君之陪貳，因為有得到人民擁護的客觀條
件，所以有轉化為君的可能。三代之君，就是這樣易位而來的，
「社稷無常奉，君臣無常位」便是由這樣推理而得的偉大命題，
大壯就是君臣易位之卦，固然這也為趙簡子等逐步分晉做理論基
礎。不過這種「君臣無常」的變動性與孔子「君君臣臣」的不變
性，正強烈的對比。

老子可能與史墨同時人㊴，在辯證法思想上又是相近似的。
《老子》第二章說：

> 「天下皆知美之為美，斯惡矣；皆知善之為善，斯不善
> 矣。有無相生。難易相成，長短相形，高下相傾，音聲相
> 和，前後相隨。」

這是說事物內部的對立關係，單一方面的滋長或消滅，視另
一面的存在與否來決定的。同時自然的事物是不停止的在發展，

而且朝著相反、相對的方面變化、運動。即「反者，道之動。」（四十章）當然老子是以守住柔弱爲基礎的，所以「弱者，道之用。」（四十章），避免往相對的方向去發展，結果沒有也別做，「爲者敗之，執者失之。」（六十四章）這是史墨沒有說的觀念。老子即使不是直接吸取史墨的思想，也是繼承了史伯以來的原始的辯證法。就歷史發展而言，老子與史墨，在春秋末正好都豐富了方法學的內涵。

六、道家對華夏社會的批判精神

在封建結構遽變之中，爲了要維護或改造國家或統治家族的倫常與秩序，各種意識形態的教條出現了，包括聖、智、仁、義、禮儀、法令、禁忌。同時在經濟發展的條件下，統治者更追逐聲色奇巧，滿足物欲享受。老莊全加反對，因爲這都是社會墮落、違離自然的產物。

「大道廢，有仁義；智慧出，有大僞。」（十八章）

「絕聖棄智，民利百倍；絕仁棄義，民復孝慈。」（十九章）

「天下多忌諱而民彌貧；民多利器，國家滋昏；人多伎巧，奇物滋起；法令滋彰，盜賊多有。」（五十七章）

《莊子·胠篋篇》：

「故絕聖棄知，大盜為止；摘玉毀珠，小盜不起，焚符
破璽，而民扑鄙，掊斗折衡，而民不爭；殫天下之聖法，而
民始可與論議……彼曾、史、楊、墨、師曠、工倕、離朱，
皆外立其德而以爚亂天下者也，法之所无用也。」

　　所有典章、制度、奇巧，都是束縛人性，斲傷天然之物，是
天下人痛苦的根源，所批評的對象皆屬於北方黃河流域華夏諸國
的社會與人物。老子所見的是春秋末孔子為首的儒者所標榜的仁
義聖智，並不足以挽回道德的敗壞，而各國新立的法令，並不是
來保障人民的幸福，而是用來鎮壓異己，鞏固政權，如「晉頃公
十二年，六卿以法誅公族祁氏、羊舌氏，……晉公室由此益
弱。」⑩次年（頃公十三年，魯昭公二十九年，晉卿趙鞅、荀寅
在汝水濱，徵晉國人民「一鼓（四百八十斤）鐵，以鑄刑鼎」即
把范宣子所定刑法，鑄在鼎上為成文法。當時孔子反對，晉國史
官蔡史墨（史墨）也反對說：「范氏、中條其亡乎！中行寅為下
卿，而干上令，擅作刑器，以為國法，是法姦也。」⑪戰國初，
魏李悝定《法經》，「以為王者之政，莫急於盜賊，故其律始於盜
賊。」⑫所有造反者或竊盜都是統治者目中的盜賊，用嚴刑酷法
來對付盜賊，而沒有消弭統治者貪婪暴虐等盜賊之所生的因素，
則其結果必如《老子》所說：「法令滋彰，盜賊多有」。《老子》的
反對法令除社會的理由外，或許也是史官一貫的立場。
　　此外，自春秋以來，北方商業隨經濟發展而活躍起來，貴族
從事買賣，追逐利益，尤其是成周王城洛邑和東方的魯國，周與
魯力量日衰，做官沒有出路，只好作生意。老聃所住的洛陽是
「巧偽趨利，貴財賤義，高富下貧，憙為商賈，不好仕宦。」⑬
而「鄒魯，……及其衰，好賈趨利，甚於周人。」⑭這就造成貴

族謀求巧利貪求享受及貧富更加分化的社會現象。因此老聃在這樣的環境中，除和孔子一樣反對利之外，特別抨擊社會的不公平。五十三章：

> 「朝甚除，田甚蕪，倉甚虛。服文紋，帶利劍，厭飲食，財貨有餘，是謂盜夸。」

人民深受刑罰的迫害，以致田地荒蕪，盎無米儲㊺，而貴族卻過著奢靡的生活；老子是中國第一個指出統治者是大盜的思想家。

這樣，老子嚴厲的批判社會禮教、制度、行為是與他所居的黃河流域的地緣是分不開的，而江淮流域社會所激發的問題還是比較單純，貧富懸殊也比較小㊻。

七、道家與北方的寬柔思想

老子的寬柔思想主要也可能來自北方，《尚書·皋陶謨》中皋陶所說的九德之頭兩德「寬而栗，柔而立」《堯典》中舜也說：「寬而栗。」是說寬大而能敬謹，柔和而能自立。寬與栗，柔與立，雖有對立關係，但對寬柔的特別強調則是事實。皋陶及舜皆屬東夷部族集團，東夷族「天性柔順，易以道御。」㊼。後來周宣王卿士仲山甫（《國語·周語》稱為樊穆仲）為商人樊氏工匠的一族，為商亡時分給周公弟康叔七族之一的後裔㊽，因有功於周，周重臣尹吉甫贈詩讚美他：

> 「仲山甫之德，柔嘉維則，令儀令色，小心翼翼，古訓

是式，……柔亦不茹，剛亦不吐，……德輶如毛，民鮮克舉
之。」㊽

這首《大雅・蒸民》詩，稱讚仲山甫柔和善良，爲人怕軟不怕
硬，實含有柔以克剛的性格。後被封於南陽（陽樊），在成周
（洛陽）稍北。

此外周宣王又令大臣召伯（虎）經營成周南方的南國，再由
宣王母舅申伯統治，以屛障周室，其地在今河南南陽縣，正好在
洛陽成周正南一百六、七十公里處㊿。尹吉甫今作〈崧高詩〉以美
「申伯之德，柔惠且直。」後楚文王滅南國，這個柔和的思想，
仍爲周人所傳頌。《禮記・中庸》孔子說：

「寬柔以教，不報無道，南方之強也，君子居之。……
君子和而不流，強哉矯，中立而不倚，強哉矯。」㊿

以寬柔爲南方之強，其實就是老子的「守柔曰強」（五十二
章）南方，即南國，在洛陽之南，大抵自古代商族人所流傳的柔
和思想，春秋戰國時在洛陽一帶猶有其讓人傳述的遺風，住洛陽
的老聃，不免受到了影響。

八、道家的「道」與「太一」之探源

最後來探尋道家最重要的「道」與「太一」，「道」字甲骨
文未見，原指道路，《說文》：「所行道也。」有引導的意思（見
金文〈散氏盤〉），所以引申爲原理、法則。古代史官看天象，究
陰陽，以預推自然對人的吉凶禍福，這就是天道。春秋周卿士單

子向魯成公說：

> 「吾非瞽、史，焉知天道？」⑤

　　在史官逐漸凸顯人文思想的大潮流中，老聃徹底的抽掉「天道」中賞罰迷信的部分，而純指自然的規律（如《老子》四七、七七章）而以「道」來指宇宙的本源，道是混沌不分的絕對統一的狀態，所以也稱爲「一」，（如《老子》二二、三九、四二章），一至高無上，又稱爲「太（泰）一（乙）」《莊子‧天下篇》：

> 「關尹、老聃……建之以常無有，主之以太一」⑤

太一，同時又是最高的天神。《史記‧禪書》：

> 「亳人謬忌奏祠太一方，曰：『天神貴者太一，太一佐曰五帝。古者天子以春秋祭太一東南郊，用太牢，七日爲壇開八通之鬼道。』於是天子（漢武帝）令太祝其祠長安東南郊，常奉祠如忌方。」⑤

　　神在天上，也是地位最高的帝星（小熊座β）《史記‧天官書》中宮天極星之中，稱「太一常居」，太一星位於中原之東南方，亳人謬忌建議爲太一立祠，亳即薄，右爲商都，而太一見於戰國《甘石星經》，此《星經》可能是繼承商代《巫咸星經》而來，天文學者甘德，魯人，一說楚人或齊人；石申，魏人。⑤
　　綜合以上所指各地，大抵在淮河北向支流約今中國魯南、皖北、豫東一帶。則太一神及太一星極可能從這地區產生。但究竟

是老子的「太一」是起於太一之神，或太一神取自老子之名，已不可知。⑯而後來逐成爲《楚辭‧九歌》中的天神──東皇太一⑰，及漢、唐時帝王所祭祀的天神。⑱

總之，老子的「道」起於史官，而「太一」則與東方的江、淮文化有關。

九、道家思想淵源的追尋

從上面知道以老子其人其事爲首的道家，固然有一些思想、文字與南方楚國有地緣上的關係，但包括無神思想、經驗主義、辯證法、批判精神、寬柔思想在內的道家主要思想部分，卻是來自北方的社會，那麼道家與黃淮流域的關係，遠比長江流域密切，已是可確認的事實。一談到江、漢楚國，就會浮現林木翁鬱、川澤秀麗的景象，是隱者棲身安命的樂園。然而北方的原野、市井，何嘗不能隱居？春秋末，魯城石門的司門者，衛國荷蕢的農夫⑲，在蔡國耦耕的長沮、桀溺，以及荷蓧丈人⑳，都也算得是早期的隱者。

這樣，就非常有必要去徹底追究道家與北方社會及史官集團的關係了。且先從古代民族文化說起，再往下查考跟道家有關的史官集團。

㈠華夏族壓力下的夷、蠻兩族之合作關係

大抵在公元前三、四千年前，在黃河中上游的仰韶文化及其上層的龍山文化，爲中原地區的華夏部族集團文化，包括姬姓的黃帝部落、姜姓的炎帝部落，和後來的夏族人、周族人㉑、西戎人㉒。而在黃河中下游的龍山文化，則是東夷部族集團文化，有

商人及薄姑、徐、奄、淮夷等為主要成員，在內蒙華北的東胡族的夏家店文化也屬之。此外，長江流域則是苗蠻部族集團文化，其中有江漢流域的大溪——屈家嶺文化⑥，屬三苗與祝融諸族；在長江下游的馬家濱——良渚文化，屬三苗的另一支越人，這三個部族文化，是遠古東亞民族的主要組成⑥，但因西方華夏集團的興起，使苗蠻與東夷二集團，有比較合作的關係。

當原始社會末期，華夏向南擴張，攻打三苗，從黃帝⑥到堯⑥舜⑥禹⑥，終於徹底擊敗三苗，三苗部分轉入西南，而長江下游的另一支苗蠻——越族，約在夏時，向長江中游及東南沿海發展，而留下今天的印紋陶遺跡，殷商時，建立了湖熟、吳城文化，而與商文化相互影響⑥，而苗蠻祝融系的楚人在當時可能是商朝的「多方」（屬國）之一，與商人也有較密切的文化關係。⑦

正當周武王姬發率周軍及八個附庸國庸、蜀、羌、髳、微、盧、彭、濮的軍隊⑦，東翦商紂，其中彭、盧、庸三國，在楚周之間，與楚近在咫尺⑦，但楚人並沒有參加周的遠征聯軍，顯然楚不是屬於周的政治集團，後周公攝政，與兄弟權力鬥爭，兄管叔弟蔡叔霍叔勢弱，聯合包括紂之子武庚在內的東夷集團反抗，楚人可能是支持東夷的。及周公東征平管、蔡及武庚後，又大規模攻打東方薄姑（萊夷）奄及南方淮夷諸國，《逸周書・作雒篇》稱「二年……凡所征熊、盈族十有七國。」⑦這熊族，可能與楚人有關。周公之後，整個西周，周人不斷對東夷、楚人進擊，銅器銘文留下不少資料⑦，淮夷與楚人皆曾向周納貢稱臣⑦。而東夷長期受到侵凌，不得不遷地避難，萊夷、徐夷向南遷，淮夷從淮水下游向中游遷徒，而造成投向楚人，有利於在後來被楚人所兼併的客觀條件⑦。

(二)殷遺民的動向與道家的起源

由於在周人的壓力下，東夷與楚立場一致，而形成同盟關係，在商末至西周之際，一定有一些殷商貴族階級及遺民南逃楚國⑦，如殷的巫咸之後人，可能到楚，也使楚人供奉巫咸⑧，〈天問〉及《山海經》中知道殷商的神話、歷史，普遍的成為楚人的傳說⑦，尤其屈原對周人所說的殷周史事，持相當懷疑的態度⑧。由此知殷楚文化交往是頗為密切的。

商之亡於周，固然是由於貴族腐化，政事敗壞，但也是紂王窮兵黷武使然，當時商國文化與國力懸殊很大，在周人猶臣服於商時，社會發展遠比商人落伍，其文字亦皆吸取殷商甲文⑧。至於在工藝、技術更瞠乎其後⑧，幾乎被視為蠻族，所以商亡之後，周人對這個文化高、人口多的民族，既分而治之，又分而用之。成王分給伯禽有「殷民六族」，即工藝技能六個氏族及其所屬的宗族和奴隸，還有土地、田園、城郭，並「祝、宗、卜、史」，又加上「商奄之民」。同時又分封給康叔另外具有工藝技能的「殷民七族」⑧。至於典承殷祀，則以微子啟，率殷遺民，建立宋國，最後所謂「殷頑」的殷王朝貴族西遷於宗周，由周公看管。

由以上可以推測出二個現象。

第一、是東夷的諸族及商人（包括宋）從商末到春秋戰國不斷遷入南方，最後成為楚人。楚與東夷文化是頗為親近的，《管子·水地篇》論地方水質與民性的關係，獨讚許楚、宋二國，而對齊、越、秦、晉、燕諸國頗多批評⑧，而〈水地篇〉特別歌頌水：

「水者地之血氣，如筋脈之通流者也。故曰：水，其材
也。何以知其然也？曰：夫水淳弱以清，而好灑人之惡，仁
也。視之黑而白，精也。量之不可使概，至滿而止，正也。
唯無不流，至平而止，義也。人皆赴高，己獨赴下，卑也。
卑也者，道之室，王者之器也，而水以為都居。」

這與《老子》稱：「天下莫弱於水，而攻堅強者莫之能勝。其
無以易之，弱之勝強，柔之勝剛……」（七十八章）「知其白，
守其黑。」（二十八章）「大國者下流。」（六十一章）的柔弱
思想是相近的。

雖然《水地》作者可能較晚⑧，也不純是道家，顯示著有一批
學者是兼具殷楚文化的，而《老子書》之編作者，也是屬於這類思
想的人物。

第二、殷商亡後，殷遺民成為周王朝及所封諸侯所差用，而
成為提升周社會文化的骨幹。如上述仲山甫外，特別是《左傳》定
公四年所說的「祝、宗、卜、史」，都是殷商的知識階層，對後
來周室的典章制度、學術思想，有相當的影響⑧。1976 年陝西
扶風縣出土殷商遺民微氏家族銅器羣，其中一個史墻盤，為西周
恭王時器，銘文共 282 字，敍述歷代先王為商史官的盛德，到高
祖微史，歸服武王後，仍為史官，直到史墻及其子共六代，皆周
王朝的重要臣子⑧。這有完全的證據說明西周掌朝廷檔案資料、
卜筮、記錄等工作的史官，恐怕多依賴殷商或東夷的遺民。則本
論文四、五、六章所引述的史官也許大多為殷遺民。

英國漢學者李約瑟在《中國科學與文明》中引得衛禮賢
（Richard Wilhelm）稱：「道家代表處於周代諸侯與農民之間
的小型中產階級，這些人都是被征服的商朝貴族。」⑧最後一句

話卻是說出了道家的源頭。

(三)淮北的東夷故地是老莊的搖籃

　　從以上三點，再來求證老莊等道家人物的出身。老子爲楚苦縣人，苦縣原爲陳國所有⑧，陳統治者嬀姓，與被統治者皆東夷人，則老聃極可能就是東夷或殷人南下定居於苦之後裔，依制度史官都爲世襲，則或許老聃先人即離開苦縣，到不遠的成周（洛陽——距苦約二百多公里）任官。莊周爲蒙人，蒙爲宋地，在宋都睢陽北十多公里⑩。宋皆殷遺民，莊周則爲殷人，明胡三省稱「莊姓，有出於宋者，《左傳》所謂戴、武、莊之族是也。」⑪即宋莊公之後，《左傳》襄十七年有莊朝、昭二十一年有莊堇，都可能與莊子有族系上的關係。苦縣厲鄉與蒙，分居於睢水（淮水支流）南北兩側（蒙近睢水），南北相距約只七十公里⑫，在睢水上游流域，今河南東部安徽西北兩省交界一帶，老莊之外，道家學者的邑里地望，雖全無資料可考，但可能都在淮水上游，此地水道縱橫，湖泊遍布，是《書・禹貢》稱「草木漸包」的徐州地區，植被發育良好⑬。是殷遺民，淮夷等東夷部族的住地。《史記・貨殖列傳》稱：「鴻溝以東，芒、碭以北，屬巨野（按北臨巨野澤），此梁、宋也。……其俗猶有先王（指堯、舜、湯）遺風，重厚多君子，好稼穡，雖無山川之饒，能惡衣食，致其蓄藏。」人文與自然的環境也不錯。這一地區，約鴻溝以東，丹、睢、濊等諸淮水北向的支流，就是道家人物的發祥地。其中老聃是個關鍵人物，他在周爲史官，吸收了傳統史官的思想，後見周之衰，乃離開退隱，《史記》本傳說：「至關，關今尹喜曰：『子將隱矣，强爲我著書。』於是迺著書上下篇……而去，莫知其所終。」「關」，向來多解爲函谷關，老聃爲何要西行，有以爲要

入秦，故後死於槐里⑭，這是沒有必要的，可能的話，是遊歷關中或避難出關，再南下經漢水入楚。何況「關」在春秋末，未必就是指雒邑西邊的函谷關，《左傳・襄公十四年》的「從近關出」就泛指關隘，因此也可能在雒邑之東，或就是王城的城關，而關尹喜的足跡，限於宋鄭間，未及函谷，未必就是函谷守關之吏⑮，西出關，及爲至化胡之說，乃是六朝以後道佛相爭時，道家學者的說法。總之，老聃從任何一方，都可以直接或繞道返回故里。但也可能如《史記》所說「不知所終」。據《莊子》書稱老聃曾居於沛⑯，不論是否因退隱而居沛⑰，老聃居沛是可信的，沛，亦宋地，在苦縣東北只一百多公里的泗水（淮水支流）之南。漢初，劉邦深惡儒者，而與主黃老思想的開國元勳蕭何、曹參，皆爲沛人，這與漢初以道家爲政治思想爲主導，恐怕有些地緣上的關係。

由是言之，淮水以北，尤其是北向支流上游的東夷故地，是道家棲息的搖籃，老莊及其思想都在此生長茁壯。

結　語

㈠道家學派的遠祖，是以殷遺民爲首的東夷族後裔在周王室或諸侯公室任職的史官，他們在長期動亂的社會中，積累了理性的經驗，包括了無神主義、歷史的經驗主義、辯證法思想，而同時也成爲西周春秋人文思想的主要成分，在封建結構邅變的春秋末年，周守藏室史老聃繼承了史官的這些傳統思想，吸取了北方柔弱和南楚的母性思想⑱，再嚴厲的批判當時華夏社會的統治階層的制度與思想，這就是老聃的思想，並成爲《老子》書的主幹。因此，道家對禮敎、仁義、典章、法令的攻擊，除了本論文未討

論的階級性因素外，含有居於弱勢的東夷對華夏強勢文化反撲的潛在民族性因素。

　　㈡道家人物自老聃以下，多活動於淮水以北，南北向支流的上游區域，為殷遺民及淮夷部落住地，所以道家人物多東夷民族，但戰國後，大半成為楚國的版圖，因此，他們成了楚人。該地融合了殷楚的思想，又接近華夏中原諸國心臟區之南，是以所反映與批判的對象，當以北方華夏社會為主，《老子》一書大概就是這一地區在戰國時的道家學者主要根據老聃及周史官言論、思想而編成的。

　　㈢1934 年，胡適之曾認為儒者都是殷遺民，此說雖不為學界肯定⑨，但從民族學去探究思想史的方向沒有錯誤。半個世紀以來，民族學、文化地理學及其相關科目科學整合方法的進步，尤其是考古資料的大量出土，使得我們能夠以客觀的資料、數據與方法去探討古代文化，文化的繼承有屬於民族血緣性的繼承，本論文即以此把道家人物透過史官為線索而與東夷殷商民族相結合起來；同樣亦有非血緣性的繼承，如華夏的周朝制度與文化，亦有繼承於東夷的商朝，此即所謂「周因於殷禮，所損益，可知也。」⑩所以繼承關係上不是單承的。當然道家思想的淵源，也不只是與殷遺民的關係而已。本論文的立論，因事涉上古史料缺乏的問題，也許不是很周延，但在蒐證及推理上是盡量求其客觀，以得其真象。

註　釋

　　①《史記》卷六十三〈老莊申韓列傳〉：「老子者，楚苦縣厲鄉曲仁里人也。」新校本，2139 頁。

②《漢書》卷三十。新校本，1729 頁起。

③馬敍倫《莊子義證》附錄一〈莊子年表〉附「莊子宋人考」以爲「蒙入於楚」，924 頁。按《史記・宋世家》稱：齊魏楚伐宋，三分其地。楊寬反對此說，以爲齊滅宋，一國而已，見《戰國史》谷風繁字本，417 頁。事實蒙後歸何國，未詳。莊子約死於前 300 年，宋亡於前 286 年。

④見《史記・老子傳》：「楚人也」之集解、索隱。2139 頁。按楚滅陳，及孔子之卒，都在公元前 479 年，老子可能比孔子年長，或不及見陳之被滅。

⑤《劉申叔先生遺書》，臺灣大新書局。一册，659 頁。按此論文作於 1905 年。

⑥高應勤〈試論沮漳河流域是探索早期楚文化的中心〉。文物，1982 年 4 期。

⑦李學勤《東周與春秋文明》，臺北駱駝社，繁字本，140 頁。有關古代民族的組成，見本論文九之㈠。

⑧七乃牝器的象形。說見郭沫若〈甲骨整字研究〉，釋祖妣。

⑨如白族婦女不育，拜女陰石，母系社會的納西族丟石塊於石洞，以求孕。見宋兆麟等作《中國原始社會史》，文物出版社。848 頁。按古代北方亦有高禖的母神信仰，與姜嫄吞玄鳥蛋壞胎生子有關，見日本池田末利〈高禖信仰の成立〉《中國古代宗教史研究》，602 頁。但因缺乏生殖器崇拜資料，暫予存疑。

⑩譚介甫《屈賦新論・外論・天問第一》。里仁，404 頁。又〈天問〉可能受到齊國稷下學風的影響，參見註⑦2。

⑪《左傳・桓公八年》：「楚人尚左。」漢人以右爲貴。

⑫〈逍遙遊〉：「怒而飛。」馬敍倫《莊子義證》：「按《方言》：『南楚之外，謂勉曰薄努。』莊子宋人，宋楚鄰，故亦用楚語。」義證：

「《方言》曰：『侘傺，楚謂之蟪蛄。』」

⑬拙作〈莊子學述〉、〈莊子著作考〉。《師大國文研究所集刊》14 號，1970 年。

⑭《詩經注疏》，《十三經注疏本》，藝文版，662 頁。《國語》，新校本，90 頁。

⑮《漢書》卷二十八下，新校本，1666 頁。按淫祀，指多神崇拜。

⑯朱熹《楚辭集注本》，河洛，新校本，29 頁。

⑰《漢書》卷二十八下，1653 頁。

⑱《後漢書》，新校本，1397 頁。

⑲方孝岳《關於屈原天問》，以為屈原遊齊，受稷下學派影響而吸收了儒、陰陽、神仙之思想。該文收入余崇生編《楚辭研究論文集》，學海，471 頁。

⑳見《左傳》僖公十五、六十五、宣十二、襄十四、昭一及十三。及《大戴記・保傳篇》、《史記・晉世家》。一說史佚即《周書・克殷篇》的尹逸。

㉑《淮南子・道應訓》。《史佚之志》見《左傳》成公四年。

㉒周任不知何時人。見《論語・季氏》。馬融注：「古之良史也。」《左傳・隱公六年》，楊伯峻注本，50 頁。

㉓見《國語・鄭語》，新校本，505 頁。及《史記・鄭世家》，新校本，1757 頁。

㉔子桑事見《左傳・僖公十五年》，楊伯峻《春秋左傳注本》，360 頁。羊舌肸事見《國語・周語下》，新校本，114 頁。

㉕如《詩經》之板、蕩、抑、節南山等。

㉖《國語・周語上》，新校本，九思，27 頁。

㉗《左傳・莊公三十二年》。楊注本，251 頁。《國語・周語》上，33 頁。

㉘《左傳·僖公十六年》。楊注本，369頁。陰陽指自然之氣。

㉙《國語·鄭語》，新校本，523頁。又〔史記·鄭世家〕，則史伯預言齊秦晉楚四國將興。

㉚臧哀伯事見《左傳》桓公二年，90頁，惠公事見《左傳》僖公十一年，338頁。

㉛《國語·周語上》，41頁。

㉜《左傳》文公十四年，604頁。

㉝金文銘見《孔子家語·觀周篇》，及《說苑·敬慎篇》。陳士珂《孔子家語疏證》，商務，73頁。

㉞《史記》卷六十二〈老子韓非傳索隱〉，新校本，2139頁。

㉟《國語·鄭語》，新校本，515頁。

㊱《左傳·宣公十五年》，759頁。

㊲《左傳·昭公二十年》，1419頁。

㊳《左傳·昭公三十二年》，1519頁。

㊴史墨其人最早見於《左傳·昭公二十九年》，最晚見於哀公九年（前468年）。哀公二十年（前475年）曾被引述（作史黯）可能當時已死。故亦與孔子老子同時。但《老子書》必在史墨之後。

㊵《史記》卷四十三〈趙世家〉。1786頁。

㊶《左傳·昭公二十九年》，楊注本，1504頁。

㊷《晉書》卷三十〈刑法志〉，新校本，922頁。

㊸《漢書·地理志》，新校本，1651頁。

㊹《史記·貨殖傳》，3266頁。

㊺《韓非子·解老》：「朝甚除也者，獄訟繁也，獄訟繁則田荒，田荒則府倉虛。」陳奇猷本，380頁。

㊻如《史記·貨殖列傳》：「楚越之地，地廣人稀……不待賈而足……江淮以南，無凍餓之人，亦無千金之家。」3270頁。

㊼徐炳昶《中國古史的傳說時代》（增訂本），54頁。《後漢書・東夷傳》。新校本，2807頁。

㊽《左傳》定公四年，楊注本，1537頁。

㊾見竹添光鴻《毛詩會箋》。1977頁。箋：「左傳言成王以商民七族賚康叔，一爲樊氏，是樊氏本商之舊族。」

㊿顧祖禹《讀史方輿紀要》卷五十一河南六南陽縣，樂天本，2198頁。該地近時有申伯青銅器出現。說見李學勤《東周與秦代文明》，臺北影本，141頁。

(51)說見傅斯年〈周頌說〉，見《傅斯年選集》，文星四册，509頁。陳紹棠《二南引論》、《詩經學論叢收》，江磯編，崧高，123頁。

(52)《國語・周語下》，新校本，102頁。

(53)《莊子・天下篇》新校郭慶藩集釋本，1093頁。按《老子》書只有「一」沒有「太一」，郭沫若以爲《老子》二十五章：「强爲之名四大」，「大」應爲「大（太）一」，但沒有根據，見〈青銅時代先秦天道觀之進展〉，37頁。

(54)《史記》，新校本，1386頁。又見於《漢書・郊祀志》，新校本，1218頁。

(55)《史記・天官書》：「在齊，甘公；……魏石申。」《集解》引徐廣曰：「或曰甘公，名德，本魯人。」《正義》引《七錄》：「楚人」。1343~44頁，按甘德約或在三國相交之地，而楚後滅魯。

(56)有以爲太一神是燕齊方士利用道家資料而構成的，見周勛初《九歌新考》，45頁。

(57)《楚辭・九歌》王逸注：「太一，星名，天之尊神，祠在楚東，以配東帝，故曰東皇。」

(58)參見顧頡剛等三人所作〈三皇考〉，《古史辨》第七册。

(59)《論語・憲問》。楊伯峻譯注本，165頁。

⑥《論語‧微子》。楊伯峻譯注本，200 頁。及《史記》卷十七〈孔子世家〉，1928 頁。

⑥周文起源於陝西龍山文化，一說爲甘肅齊家文化。

⑥包括甘肅羌族的寺窪文化，羌族與姜姓皆羊圖騰，關係密切。見齊思和《中國古探研》〈西周地理考〉，31 頁。又一說周人亦西戎一支。見顧鐵符《楚民族述略》，101 頁。

⑥《考古學基礎編》㈤，《論屈家嶺文化》，臺北弘文館，66 頁。

⑥徐炳昶，《中國古史的傳說時代》，最先分此三集團。

⑥黃帝與三苗之長蚩尤戰於涿鹿之野，蚩尤被殺，見《史記‧五帝紀》，三頁。《逸周書‧嘗麥》朱右曾《集訓校譯本》，103 頁。

⑥堯遷三苗於三危。見《尚書‧堯典》。《史記‧五帝紀》，28 頁。

⑥舜征三苗，見於《荀子‧識兵》。《呂氏春秋‧召類》。《淮南子》〈兵略訓〉、〈修務訓〉。

⑥禹征三苗，見《墨子‧兼愛》、《戰國策‧魏策》、《尚書‧大禹謨》。

⑥《江南地區印紋陶論文集》。文物集刊，三號。

⑦郭沫若《殷契粹‧編序》：「徐、楚文化實亦殷人之嫡系，蓋徐楚乃殷之同盟，而周之敵國，……殷之世，鄰近諸國必有遣送子弟留學於京都，……第 1162 片云：『丁酉卜其乎目多方小人小臣其教戒。』」《粹編》9 頁，639 頁。

⑦《尚書‧牧誓》及《史記‧周本紀》。

⑦顧頡剛《史林雜識‧初編》「牧誓八國」附地圖，26 頁。

⑦朱右曾，集訓校釋本，77 頁。

⑦周人攻擊東夷的有小臣速毁、嶇侯鼎、敔毁等，伐荊楚的有令毁、禽毁、鼎毁、犾駿毁、過伯毁……等皆甚多。參見郭沫若，《兩周金文辭大系考釋》。許倬雲《西周史》，180 頁。徐中舒《上古史論》，10 頁。

⑦淮夷納貢，見兮甲盤、師寰段等。又近年陝西歧山鳳鄒村出土西周甲文，第九片：「楚子來告」四十八片：「楚白乞今秋來。」皆楚向周稱臣。見王宇信《西周甲骨探論》，臺北繁字本，62 及 100 頁。

⑦顧鐵符《楚民族述略》，89 頁。又如徐國至春秋仍不斷被魯齊等攻打，魯昭公三十年吳滅徐，徐王奔楚。後吳滅於越，越又滅於楚。

⑦《論語‧微子》：「大師摯適齊，亞飯干適楚，……」摯、干以下共八人，可能為紂樂師奔楚，劉寶楠《論語正義》考證甚詳。世界書局本，398 頁。但亦有他說。

⑦屈原《離騷》：「巫咸將夕降兮，懷椒糈而要之。」王逸注「巫咸，古神巫也。當殷中宗之世。」《離騷纂義》本，372 頁。

⑦日本白川靜以為「楚巫可能殷巫之餘流組成」。見《中國神話》，王孝廉譯，128 頁。《山海經》〈大荒經〉〈海內經〉記帝俊壬亥等商人神話，乃楚人受殷文化影響之故。說見袁珂《山海經校注》，505 頁。

⑧如〈天問〉：「授殷天下，其德安施？反成乃亡，其罪伊何？」聞一多疏證：「言周公亦不能辭其咎也。」《天問疏證》，木鐸，95 頁。唯〈天問〉的思想可能是屈原受齊稷下士影響。

⑧西周甲骨文屬文王時代，此甲骨文出現被認為是周人野蠻與文明的分水嶺。王守信《西周甲骨探論》257 頁。

⑧商後期所鑄八七五公斤之「司母戊鼎」，即使西周恐亦未能鑄造。而兩周的農業生產力，比之於商代，也沒有多少進步，見《商周考古》，167 頁，文物出版社。

⑧以上見《左傳》定公四年，衛國祝佗的話。1535 頁。伯禽為周公子，封於魯，魯分到的「殷民六族」為條氏、徐氏、蕭氏、索氏、長勺氏、尾勺氏。康叔為周公弟，所封即後來的衛國，衛分到的「殷民七族」為陶氏、施氏、繁氏、錡氏、樊氏、饑氏、終葵氏。

商奄，爲東夷的奄國，因屬於殷商，而稱商奄。

㉂許維遹、聞一多：《郭沫若管子集校》，679頁。

㉃羅根澤以爲漢初醫家作，見《諸子考索》，426頁。郭沫若以爲項羽
時作，見《管子集校》，679頁。

㉄許倬雲，《西周史》，125頁。

㉅〈陝西扶風莊白一號西周靑銅器寶藏發掘簡報〉，裘錫圭《史墻盤銘》
解釋皆見《文物》1976，三期。許倬雲《西周史》，113頁。杜正勝
《略論殷遺民的遭遇與地位》。《中研院歷史語言所集刊》五三本四分
冊，661頁。

㉆《中國科學與文明》，第二冊《道家與道敎》，臺灣商務，93頁。

㉇見注④。

㉈公里數，依譚其驤《中國歷史地圖集》第一冊，24～25頁預估。

㉉《資治通鑑》卷三注。

㉊同㉈。

㉋《中國歷史自然地理》，明文書局，26頁。

㉌《水經注》卷十九稱渭水南岸槐里有老子陵。

㉍日本武內義雄《老子原始》已疑之，收入《先秦經籍考》中編，216
頁。

㉎《莊子·天運》：「孔子行年五十七月一而不聞道，乃南之沛見老
聃。」新校郭慶藩集釋本，516頁。

㉏一說孔子是在老聃離開周隱居後才見老聃。《莊子·天道》：「孔子
西藏書於周室。子路謀曰：『由聞周之徵藏史有老聃者，免而歸
居，夫子欲藏書，則試往因焉。』」477頁。嚴靈峯《老子達解》以
爲老子歸隱以後，居於沛。464頁。

㉐老聃自己思想的特色是柔弱。《莊子·天下篇》稱他爲「守雌」「守
弱」，《呂氏春秋·不二篇》稱他爲「貴柔」。

⑲胡適〈說儒〉，《中央研究院史語所集刊》第四本，1934年。胡氏以
　爲孔子及儒者爲殷遺民。所主張之禮儀，如三年之喪皆殷禮，儒是
　柔懦之人，乃亡國遺民之人生觀等等。反對此說的有郭沫若〈駁說
　儒〉（收入《青銅時代》），錢穆〈駁胡適之說儒〉（收入《中國學術思
　想史論叢》二冊），饒宗頤《釋儒香港大學東方文化》創刊號。

⑳《論語‧爲政》子曰。

（1987年10月27日）

（1988年6月　台灣師大國文學報17期）

道家流變史論

前言

　　道家之濫觴，可遠溯於西周時東夷遺民中之史官集團。春秋的老聃就是繼承了史官的思想。《老子》書主要是記錄老聃的言論，而《莊子》書除有莊周思想外，還包括許多周秦間道家學者的論述。兩漢後，隨社會的進展，道家有更複雜的變化，儘管他們彼此沒有什麼師承關係，而政治、人生態度亦有所差異，但他們都有整體的共同認識：以「道」爲宇宙萬物的根源，道是存於宇宙萬物間無爲無形的實體，自然無爲與無神主義是政治與人生的法則。本論文即以這樣廣義的範圍，把兩周到魏晉間不同歷史背景的道家，分爲六期，扼要的敍述其思想內涵，流變之跡的規律與特色。

　　道家的流變分六期：一是形成期，二是成熟期，三是全盛期，四是黃老期，五是科學期，六是蛻變期。

　　道家的先驅是西周殷遺民中的史官集團，兩周史官的無神主義、歷史經驗、辯證方法等思想，都被老聃所繼承，因此從西周到春秋老聃出現前的時代是道家的形成期，也稱爲史官道家期。

　　前六世紀春秋時代中葉，王室日益衰微，諸侯征戰則越趨激烈，權勢禮教和仁義道德，同時更加閉鎖和墮落。史官老聃見社

會沒有希望，乃棄官著書，揭櫫自然，反對戰爭，並完全否定禮教仁義，認爲是束縛人性的工具，這是道家的成熟期，也稱老聃道家期。

戰國時代，是百家爭鳴的時代，道家在老聃之後也有多元的發展，一是以莊周爲首的莊子學派，二是以稷下士爲中心的黃老學派，三是以楊朱爲首的無君學派。這是道家的全盛期，我稱之爲莊周道家期。

漢劉邦定天下於大亂之後，不得不推行黃老思想，與民休息，從蓋公到劉安所主編的《淮南子》，爲道家的黃老期，也稱淮南道家期。

從漢武獨尊儒術後，道家又恢復在野的地位，然而儒家卻與陰陽讖緯合流。傾向於道家思想的王充、張衡、王符等思想家，皆具有反對讖緯的無神的唯物思想，重視天文學，以反映道法自然的科學精神，姑稱之爲科學期，也稱爲王充道家期。

最後是魏晉時代，當舊有封建綱紀瓦解，政治權力恐怖，使知識份子，又嚮往道家，他們以老、莊爲主的一些詞彙，以思辨形式，重新詮釋，是爲道家的蛻變期，也是玄學道家期。

由於各期道家資料的多寡與輕重不一，所以對先秦，尤其是全盛期的敍述最爲詳細，兩漢魏晉則較簡略。

壹、道家的形成期

一、周史官多爲殷商遺民

《漢書・藝文志》稱：「道家者流，蓋出於史官。」所言不

虛。老聃爲史官，爲殷遺民的後裔。現且從古史簡要的說起。在
三代之初，東亞長江黃河流域，有三個新石器時代的三大民族文
化集團，即在長江流域的苗蠻集團，在黃河下游、淮水流域的東
夷集團，及在黃河中、上游的華夏集團①。首先華夏族的黃帝擊
敗苗蠻族的三苗，並成爲華夏諸族部落同盟的共主，到後來來自
東方的東夷族商人，征服了夏人成爲北方新盟主，及至商紂，奢
靡而黷武，華夏族以周人爲首，率領另八個附庸國的部落聯軍乘
虛從西方攻入商都，推翻紂王。不久，周人統治家族內訌，管
叔、蔡叔聯合商人、淮夷、及苗蠻族反抗周公，後周公東征，平
定管、蔡，鎮壓諸族，周人遂擴大勢力，分封血親，在黃河全域
建立許多國家，直接統治其他民族，並且不斷向尚未臣服的東夷
族、苗蠻族攻擊，從金文、《左傳》知道西周到春秋，周人南征淮
夷、荊楚，不絕如縷。

　　周人對臣服的東夷人，採取分而治之，分而用之的政策，把
殷商王朝貴族的所謂「殷頑」集中到周人的鎬京看管，把有工藝
技能的六個殷人氏族「殷民六族」和專業的「祝、宗、卜、史」
等人員，分給周公之子伯禽的魯國，另有工藝技能的「殷民七
族」分給周公之弟康叔的衞國，此是見於史料記載的②，如未見
於典籍的，恐怕也不少。由於周人在文化上、產業技術上的水平
遠不如商人，所以要借重有知識的商人，尤其是官僚行政和宗教
祭典中所需要的人才，即「祝、宗、卜、史」等人員，祝是大
祝，是司祭禮的人，宗是宗人，掌宗族禮儀的人，卜是大卜，司
卜筮的人，史爲大史，記錄史事的人。這些工作都要識字和記錄
書寫。這些人，在上古也稱爲史，是廣義的史官。《儀禮・少牢
饋食禮》：「史兼執筮與卦，以告於主人。」又說：「筮者爲
史。」《左傳・桓公六年》：「上思利民，忠也；祝史正辭，信

也。」足見史官要兼備許多專門知識，所以亦有賴世襲的史官制度。

二、周初的史官

商周之際起，周王朝，就開始用東夷系的史官，從古典籍出現的史官中我找出：

> 向摯《呂氏春秋・先識覽》：「殷內史向摯，見紂之愈亂迷惑也，于是載其圖法，出亡之周。」

辛甲《左傳・襄公四年》：「昔周辛甲之爲大史也，命百官，官箴王闕。」辛甲，和向摯一樣原是殷紂的舊臣，據說勸諫紂王七十五次，皆不聽，乃投奔周國，文王親自迎接，以爲世襲的公卿③。值得注意的是《漢書・藝文志・道家》有「辛甲二十九篇。」把辛甲視爲道家的先驅。

周之八士，是西周開國之初的八個賢士，《論語・微子》：「周有八士：伯達、伯适、仲突、仲忽、叔夜、叔夏、季隨、季騧。」《逸周書・和寤》：「尹氏八士，唯固允讓。」八士爲尹氏。《逸周書》有兩個史官之名：一爲尹逸④，一爲史佚⑤，依朱右曾校釋：「尹逸、史佚，疑即八士之叔夜，夜逸聲相近。」八士中之叔夜是否爲史佚，無可詳考；但尹逸爲史佚，幾乎是學術界的同識⑥。

史佚是周初很著名的史官，他的言論，成爲統治者的箴言。文王、成王都曾請教於他⑦。他的姓爲尹氏，尹是少昊之後⑧屬東夷系的鳥圖騰⑨。則史佚與八士，都是東夷系的官吏。

此外，1976 年在陝西扶風縣法門公社莊白村出土了殷商遺民微氏家族的青銅器窖藏，其中一個史墻盤，銘文達 282 字，追紋祖先爲商史官，到微史，歸服周武王後，直至史墻及其子，前後共六代，世世皆爲史官⑩。足以證明上述所引自典籍的史官，的確與東夷民族有密切的關係。

三、周史官與原始道家思想

史官掌卜筮國政，又記紋史事，有敏銳的觀察力和豐富的知識，對國家興亡的規律及自然榮枯的現象，常有針砭的嘉言，流傳後世，記載於史冊。茲把這些史官的言論及其與道家之關係，分述如下：

㈠古今存亡禍福、卑弱自持的歷史規律

西周初年的史官史佚的嘉言，到春秋仍時被引用。秦穆公擄獲晉惠公，子桑反對殺惠公，說：「史佚有言：『無始禍，無怙亂，無重怒。』」稱不要製造禍患，不要依賴動亂得利，不要增加仇恨⑪。又晉大夫羊舌肸聘於周，稱讚周王卿士單靖公，用史佚「動莫若敬，居莫若儉，德莫若讓，事莫若咨」之言⑫。這都是强調不要使用暴力，不要增加仇敵，而主張敬、儉、讓、咨（簡少而不繁）的原始道家思想。另外，史官能歸納歷代王朝的存亡禍福之道，而對政治發展作正確的推斷。西周末，厲王暴虐，史伯預言周之亡國，不出三年⑬。太史伯陽父以陰陽失和的觀點，預言「國亡不過十年」⑭春秋時，周內史過料定虢國必亡⑮、內史興稱晉國必霸⑯。這些都是史官對存亡禍福之道歸納後的正確推斷。

在東周王都雒邑的周太祖后稷太廟前立有金人，金人背有銘文，即著名的金人銘，要爲政者愼言愼行。也是古代史官的手筆。銘文有「無多言」「無多事」「福根」「禍門」「彊梁者不得其死，好勝者必遇其敵。」「君子知天下之不可上也，故後之下之，使人慕之執雌持下，莫能與之爭者。」「人皆趨彼，我獨守此；衆人惑惑，我獨不從。」「江海長于百川（一本作百谷），以其卑下也」「天道無親，常與善人」這些守卑執雌的思想與文句⑰，大抵與後來《老子》相似⑱。

老聃是周史官，代表其思想的《老子》一書，充分反映歷史經驗的格言：「能知古始，是謂道紀。」（十四章），又說：「爲之於未有，治之於未亂。」（六十四章）是符合《漢書‧藝文志》所說：「道家者流，蓋出於史官，歷記成敗存亡禍福古今之道。然後知秉要執本，清虛以自守，卑弱以自持，此君人南面之術也。」兩周史官重視歷史經驗論，正是班固所認定的道家之先驅思想。

㈡無鬼神的人文思想

上古是一個鬼神的世界，史官本身就是掌卜筮，甚至掌祭祀。然而至西周幽王之後，政治日趨黑暗，人民更加痛苦，而最高的昊天上帝，並不能爲人伸張公義。連貴族都開始咒詛「浩浩昊天，不駿其德」（《詩‧小雅‧雨無正》）「昊天不惠」「昊天不平」（《小雅‧節南山》）「疾威上帝，其命多辟」（《大雅‧蕩》）而史官也逐漸擺脫神而回歸於人。

公元前 661 年，傳說有神明下降於虢國的莘地，在上文提到的那個周內史過向周惠王解釋：「國之將興，明神降之，監其德也；將亡，神又降之，觀其惡也。故有得神以興，亦有以亡。」

稱神只是旁觀者，興亡由己，後來聽到虢君祭神求福。便說：「虢必亡矣，虐而聽於神。」而虢君命令祭神的史官囂，也絕望的說：「虢其亡乎！吾聞之：國將興，聽於民；將亡，聽於神。」⑲

公元前 644 年，在宋國，有五顆隕石墜落，六隻鶂鳥因風大而一度倒著飛。當時周內史叔興（上文也提過）正好在宋國，宋襄公問此事的吉凶，他當面應付兩句之後，向別人說：「君失問，是陰陽之事，非吉凶所生也。吉凶由人，吾不敢逆君故也。」⑳

春秋史官，到了老聃，終於徹底的成為無神主義者。

(三)辯證法思想

史官世襲制的家族，在長期工作的經驗積累，認識到社會發展的正與反的互變關係，掌握到矛盾與統一的規律，西周史官伯，為鄭桓公分析周幽王之所以敗亡，乃是棄有見識的智者，取逢迎的小人，這叫「去和而取同」。他說「和實生物，同則不繼，以他平他謂之和，故能豐長而物歸之；若以同裨同，盡乃棄矣。」㉑唯有結合許多不同的個體，才叫和，才能生生不息。反之，只有同，同加同，最後只會敗亡。這種「和」「同」的思想，影響甚大。

春秋，魯昭公被季氏放逐，晉趙簡子問晉大史蔡墨：「為何沒有人聲討季氏呢？」蔡墨說：「物生有兩，有三有五，有陪貳。故天有三辰，地有五行，體有左右，各有妃耦，王有公，諸侯有卿，皆有貳也。……社稷無常奉，君臣無常位。」㉒物生有兩，是相互對立而又依存的，所以老子的美醜、難易、長短……皆是相生相成的。史官的原始辯證法思想影響《老子》甚鉅。

㈣保護山林禽獸的思想

遠古就有管理山澤中草木鳥獸的官，相傳舜繼堯爲四方諸侯的盟主，衆人推益爲管草木鳥獸的「虞」官㉓，後來稱爲虞人。這是爲預防林木被過度砍伐，禽獸被過度獵取而設的官吏。春秋時晉悼公喜愛打獵，臣子魏絳追述史事加以勸諫，說后羿迷戀打獵而亡國，周大史辛甲因此傳述〈虞人之箴〉：「芒芒禹跡，……民有寢廟，獸有茂草，各有攸處，德用不擾。在帝夷羿（后羿），冒于原獸，忘其國恤，……獸臣（虞人）司原，敢告僕夫（君王左右）。」㉔辛甲的箴要統治者不要迷於田獵，要讓人民有房子住，野獸有豐茂的草木棲息，各有各的住處，不相互干擾。

我們不知《七略》及《漢志》何以把辛甲列入道家，但就〈虞人之箴〉看，與後來戰國莊子的思想是一致的。莊子是蒙漆園吏，是漆樹園的虞人，他是先秦最熱愛自然原野，視草木禽獸與人爲一體的思想家㉕。虞人是用以來保護山林野生動物被摧殘的，莊子愛護自然生命，是因職業上的責任，再進一步發展的。

綜合上述，道家的形成，起於東夷民族的史官，他們歸納歷史經驗，提出許多差堪可以涵蓋後來老莊思想的言論。他們的出身地望早期無可考，春秋中葉以後的道家人物大概都在淮水流域，戰國以後其地爲楚國兼併，因此多稱爲楚人。其形成的歷史，詳見拙作〈道家起源新探〉一文㉖。

貳、道家成熟期

春秋末年，老子孔子的出現，是古文化發展的新紀元。當時

諸侯內部的分裂與鬥爭日趨激烈。孔子倡導人性與禮樂，欲重建姬周的封建秩序。然而猶不能挽救人性的墮落及禮樂的敗壞，沒落與覺醒的貴族、士人不斷走向民間、原野，像《論語》中的司門者、荷蕢者㉗、長沮、桀溺、荷蓧丈人㉘，他們反對名利，反對君臣之義。連在王都的史官老聃也棄官而去，著書反對樂禮，追求自然之道，從而建立了道家思想的體系。

一、關尹老聃學派

《莊子·天下篇》以關尹老聃為一派。關尹也是一個謎樣的人物，《史記·老子本傳》稱：「老子修道德，其學以自隱無名為務。居周久之，見周之衰，迺遂去。至關，關令尹喜曰：『子將隱矣，強為我著書。』於是老子迺著書上下篇，言道德之意，五千餘言而去，莫知其所終。」這個名喜或姓尹名喜的守關門者（關一說函谷關，一說散關），大概如那個魯城石門的司門者一樣是個屈身於俗世而對社會已不存希望的智者，後來可能成為道家人物。並有以關尹為名的著作，流行於戰國，有以為《史記·孟荀傳》中著書上下篇的楚人環淵，即為關尹，但缺乏證據㉙。《漢書·藝文志》著錄〈關尹子〉九篇，但後來的《隋書》及《唐書·經籍志》皆未著錄，知早已亡佚。今本出於北宋，是五代時方士的偽作，毫不足信。

關尹之說，散見於《莊子》、《列子》、《呂氏春秋》等數條而已，《莊子·天下篇》先說關尹老聃的共同思想是「以本為精，以物為粗，以有積為不足，澹然獨與神明居。……建之以常無有，主之以太一，以濡弱謙下為表，以空虛不毀萬物為實。」這些思想大致皆見於《老子》書。如「天下萬物生於有，有生於無」（四

十章）「繩繩不可名，復歸於無物。」（十四章）「天之道，損
有餘而補不足」（七十七章）「聖人抱一爲天下式」（二十二
章）「柔弱者生之徒」（七十六章）。

至於關尹獨有的思想，〈天下篇〉說：「在己无居，形物自著。
其動若水，其靜若鏡，其應若響。芴乎若亡，寂乎若清。同焉者
和，得焉者失。未嘗先人而常隨人。」也是不出今本《老子》思想
的範疇，如「萬物作焉而不辭，生而不有，爲而不恃，功成而弗
居。」（二章）在認識萬物上，則稱：「滌除玄覽（帛書作
「監」，即鏡）」（十章）「致虛極，守靜篤」（十六章）《呂
氏春秋・不二篇》說：「關尹貴清」即是以清澈如鏡，來直觀萬
物。

最後〈天下篇〉所引「老聃曰」的話，更完全符合今本的《老
子》。計有二十八章，六十七章，七十八章，七十七章，十九
章，四十六章，五十九章，七十六章等。

所以《莊子・天下篇》的關尹老聃一派，主要的思想材料，還
是《老子》一書，老聃可能早於關尹，《史記》有傳記載此事。

二、老子其人其書

老子其人最早的史料是司馬遷《史記》的〈老莊申韓傳〉中的
「老子傳」，說：「老子者，楚苦縣厲鄉曲仁里人也。名耳，字
聃，姓李氏。周守藏室之史也。孔子適周，將問禮於老子。……
見周之衰，迺遂去。至關。……著書上下篇，言道德之意，五千
餘言而去。莫知其所終。」接著司馬遷又提出老萊子，和太史儋
兩人也是老子，而且還舉出與司馬遷同時的膠西王劉卬的太傅李
解，是老子的第八代子孫。第二代李宗是魏將，看來連司馬遷都

沒弄清楚誰是老子。

有關老子其人其書的考證，眾說紛紜，莫衷一是，近百年來學者的討論文章數以百萬字計，主要見於《古史辨》第四及第六册的下編。在三、四十年代疑古風氣興盛的時代，對老子其人其書多採取懷疑或年代晚出的立場，這一、二十年以來，慢慢又恢復早出的說法。今天大都皆認爲春秋比孔子較早些有老聃其人，是周王室的史官，掌圖書檔案，孔子曾到周王都向他問過禮㉚，《論語‧述而》：「述而不作，信而好古，竊比于我老、彭。」現在也有更多的學者認爲鄭玄、顏師古稱「老聃、彭祖」是正確的，那麼孔子問禮之說，也就證據更爲充分。老聃並不姓李，爲苦縣人，在春秋，老子時苦縣爲陳地，不久陳被楚所滅，老子遂成爲楚人。實則他是東夷民族嬴姓的子孫。老萊子、太史儋，或許皆另有其人。至於《老子》一書，過去甚至有人視爲比《莊子》書更晚出㉛。現在則多認爲原本爲老聃自作，弟子或後學加以編集潤飾而成，最晚不會晚於戰國初年㉜。

《老子》書最早的文句，可見於《莊子》、《韓非子》、《淮南子》所引用的「老聃曰」或「老子曰」。後來到東漢，出現了託名文帝時隱者河上公的注本，到曹魏、王弼注《老子》。兩書皆八十一章分道、德上下篇，爲後世最通行的注本。1973 年湖南長沙馬王堆三號墓，出土帛書《老子》兩種，甲本近小篆體，不避劉邦的「邦」字，爲劉邦稱帝前所寫，乙本近隸體，避「邦」爲「國」，但不避惠帝劉「盈」的盈字，可能寫於惠帝即位前。兩本皆不分章，但德篇在前，道篇在後，與《韓非子》的〈解老〉〈喻老〉引《老子》文句的次序相同，一說是黃老學派的傳本，頗可校正今本文字的訛誤㉝。

三、道法自然

在殷周社會以帝、天、天道視爲超自然的靈力（Mana）㉞如《書‧湯誥》：「天道福善禍淫，降災于夏。」便把天道做爲有賞罰能力的最高之神。老子吸取周史官的人文自然思想，改造了「道」，首先揚棄了宗教上的意義，而賦予「道」以本體的意義，道成爲宇宙萬物的總根源、總規律。老子說：

> 「有物混成，先天地生，寂兮寥兮，獨立不改，周行而不殆，可以爲天下母。吾不知其名，字之曰道。」（二十五章）

道爲一存在的實體，在沒有天地之先，就已存在，它超然的獨立於時空萬物之上，永恆不息的循環流動，並創造了萬物，成爲天下之母。

同時，它也如同靈力一樣是超現象界的，非人的器官所能感覺。但卻又是人類古今歷的支配者。老子說：

> 「視之不見名曰夷（帛書作「微」），聽之不聞名曰希，搏之不得名曰微（帛書作「夷」）此三者，不可致詰，故混而爲一。其上不皦，其下不昧，繩繩不可名，復歸於無物，是謂無狀之狀，無物之象，是謂惚恍。……執古之道，以御今之有，能知古始，是謂道紀。」（十四章）

雖然是無狀、無象的惚恍，也不是絕對的虛空，「惚兮恍兮，其中有象，恍兮惚兮，其中有物。窈兮冥兮，其中有精，其精甚眞，其中有信。」（二十一章）有精有信，就是有精微的實體，有微驗的事實，這乃是從道產生萬物，而落實到現象界的驗證。「道生一，一生二，二生三，三生萬物。」（四十二章）一是道的整體單位，再產生對立的陰陽兩氣，陰陽的融合統一，而產生n個的第三者出來，第三者的出現，意味著萬物已經存在了。

道是最高的實體範疇，但有它所循的規律，那就是效法自然。「人法地，地法天，天法道，道法自然。」（二十五章）自然就是宇宙客觀存在的現象，它是沒有人工的痕跡，自然無爲的。

四、反者道之動

史官老聃繼承西周以來史官的辯證方法，以爲道的規律是永恆的，作用卻是變動的，他看到歷史是相對事物的轉換發展，彼此是沒有絕對的，而是相互依存的。像《周易》的損、益，泰、否，既濟、未濟等相對之卦，都是相對的辯證發展。因此《老子》把彼此相對的概念，如有無、難易、長短、高下，乃至於強弱、大小、美惡、彼此、上下……等等皆同時並立的矛盾。即「有無相生，難易相成，長短相形，高下相形……」（二章）。因此對立的一方與對方皆有同一性，則彼此都可以向對方轉化。「禍兮，福之所倚；福兮，禍之所伏。」（五十八章）「曲則全，枉則直，窪則盈，敝則新，少則得，多則惑。」（二十二章）則禍福、曲全……可以互換。

所以道的運動，就是反向而行，稱爲「反者，道之動」（四十章）

五、虛靜

道是無狀無象，超越時空的，所以認識道與道所生的萬物，是不能用人的器官，更不是用智慧或累積的知識去認識。《老子》說：「不出戶，知天下，不闚牖，見天道。其出彌遠，其知彌少。是以聖人不行而知，不見而名，不爲而成。」（四十七章）「塞其兌，閉其門，終身不勤。」（五十二章）否定了經驗世界的一切知識，堵塞了知識的穴竅大門，才顯現了天道。所以從事道，就是要不斷減少知識，減少知求欲，與世俗之學，但求增多不同。這就是《老子》所謂的「爲學日益，爲道日損。」（四十八章）

那麼老子憑什麼認識道呢？「致虛極，守靜篤。萬物並作，吾以觀復。」（十六章）能夠極度的虛靜，便可以看到萬物發展、循環的規律。虛是心中虛空，靜是專一寧靜，用以來排斥一切外界的、主觀的、雜亂的知識進入心中，內心要如鏡子一樣，保守清澈，沒有瑕疵。所謂「滌除玄覽（帛書作「監」），能無疵乎？」（十章）。虛靜，後來成爲黃老學派的重要思想。

六、絕聖棄智

從春秋到戰國，經濟及文化進步了，而統治技巧，戰爭武器也進步了。各諸侯國內外勾心鬥角，爾虞我詐，而人民痛苦如舊，知識成爲權力鬥爭的工具，成爲權力者壓迫人的利器。社會

既亂，仁義禮樂遂起，一則成為儒者恢復西周禮制的道德理想，一則成為諸侯之門所掌握的裝飾品和麻醉劑。道家的歷史經驗認為知識與仁義是社會墮落的產物，它不僅不能解決社會問題，且將使人類更加痛苦與虛偽。老子說：

> 「大道廢，有仁義，智慧出，有大偽。六親不和，有孝慈；國家皆亂，有忠臣。」（十八章）

根本之道，要拋棄徒增人慾的聰明才智，仁義巧利。「絕聖棄智，民利百倍；絕仁棄義，民復孝慈；絕巧棄利，盜賊無有。」使人「見素抱樸，少私寡欲」（皆十九章）而統治者不用智，使人民愚拙，才是永恆的幸運之道。「古之善為道者，非以明民，將以愚之，民之難治，以其智多，故以智治國，國之賊，不以智治國，國之福。」（六十五章）

七、玄牝

老子具有受到東夷民族殘存的母系社會生殖崇拜影響的柔弱思想㉟，為《老子》書中很特殊的世界觀，也是中國僅見的陰柔哲學。

在「強凌弱，眾暴寡」的社會，追求的是壯、大、剛、強。然而生命的現象是柔弱的，而死亡的現象卻是剛強的。「人之生也柔弱，其死也堅強。萬物草木之生也柔脆，其死也枯槁。故堅強者死之徒，柔弱者生之徒。……堅強處下，柔弱處上」（七十六章）。強弱並生而對轉，所以老子寧可處世俗所求正面的負面，居別人所不要的柔弱、低下、恥垢，唯有負面，才能真正成

為正面。

在萬物中最柔弱的是水，但攻擊性最強的力量沒有能勝過它。（見七十八章）在人類中最柔弱的是嬰兒，卻含有天地間最渾厚的元氣，無懼乎外物的侵害（見十、二十、二十八、五十五等章）

女性是與男性陽剛相對之陰柔者，而母親更是生命的源泉，老子把宇宙萬物之源的道，都視為母親，如「萬物之母」（章）「天下母」（二十五、五十二章）「有國之母」（五十九章）等，而萬物人類都經由母親的生殖之門而出生的，這個門是深邃奧妙的「玄」，或深谷的「谿」一樣，是流動而無限的深奧。老子說：

> 「谷神不死，是謂玄牝。玄牝之門，是天地根。綿綿若存，用之不勤。」（六章）

玄牝就是女性的生殖器，老子受生殖崇拜（Sex worship）的影響，把生殖提升為自然的生命，自然的母親。

八、小國寡民

老子的政治思想，首先是對當時統治階層與政治制度的抨擊。極力反對一切統治機器制度法律。「天下多忌諱而民彌貧，民多利器，國家滋昏，人多伎巧，奇物滋起，法令滋彰，盜賊多有。」（五十七章）反對統治者的壓榨。「民之饑，以其上食稅之多，是謂饑。」（七十五章）「朝甚除，田甚蕪，倉甚虛。服文綵，帶利劍，厭飲食，財貨有餘，是謂盜竽，非道也哉。」

（五十三章）衣食淫靡，財貨有餘，而相對的卻是田蕪民饑，老子最先指出這些掠奪者爲大盜。而且進一步警告鎮壓人民，將自取滅亡。「民不畏死，奈何以死懼之」如代自然而殺人的屠夫，將會自傷其手。（見七十四章）當人民不怕威脅之時，便是統治者大難之日（見七十二章），此外，也大聲反對戰爭，「以道佐人主者，不以兵强天下，其事好還。」（三十章）好弄權用兵者，將得到報應，「强梁者不得其死」（四十二章）。

其次老子學派提出一個道家式的聖人政治架構。它是個仿公有制的原始氏族社會的模式，小國寡民，在一定的小範圍土地棲息，沒有戰爭，不用器物，甚至摒棄文字，恢復結繩記事，滿足於原有的生活方式。不同的氏族，即使雞犬相聲，民到老死，互不往來（見八十章）爲著是怕糾紛。而名爲「聖人」的君主，無爲無欲，其實就是沒有權力的原始社會長老，「聖人處無爲之事，行不言之敎，萬物作焉而不爲始，生而不有，爲而不恃，功成而弗居。」（二章），而政治就是自然而然，不干預人民，「道常無爲而無不爲，侯王若能守之，萬物將自化。……無欲以靜，天下將自定。」（三十七章）統治者無爲而民自化，好靜而民自正，無事而民自富，無欲而民自樸。（見五十七章）

參、道家全盛期

戰國下半葉的道家，隨政治、經濟的發展而多元化，包括莊周、黃老、楊朱三個學派，他們與老聃並無師承關係，彼此也無同門關係，然皆倡導道家自然無爲的思想。

<hr>

一、莊周學派

㈠莊周與《莊子》書

莊子（約前 370～前 300 年）《史記》有傳，雖不像老子之撲朔迷離，但資料亦爲不多。宋國蒙人（蒙在今河南商丘東）名周，曾爲蒙漆園吏，這可能是管山澤林苑的小吏——虞人。後來退隱，拒絕了楚威王的禮聘。終身貧困，曾以補大布之衣見魏王（《莊子・山木篇》），借粟於監河侯（〈外物篇〉），宋人曹商替宋君出使秦國，獲賞馬車百乘，回國炫耀於莊子，說他不能忍受如莊子「處窮閭阨巷，困窘織屨，槁項黃馘」的生活，而被莊子責斥要得到更多的賞賜，就要付出比舐秦王痔瘡更卑鄙行爲的代價。（〈列禦寇篇〉）足見莊子生活艱苦，勞動自給，而堅絕不爲統治者所用。

《史記・莊子傳》說莊周「著書十餘萬言，大抵率寓言也。」司馬遷時，《莊子》書尚沒有明確的篇數，到西漢末劉向、歆父子整理宮中藏書時，把《莊子》定爲五十二篇，並分爲內、外、雜篇，此即爲《漢書・藝文志》著錄的本子，魏晉因玄學的勃發，學者以己意來編選《莊子》。有崔譔的二十七篇本，向秀的二十六篇本（另有不同篇數），司馬彪的五十二篇本，郭象的三十三篇本等。其中郭象本輾轉傳流至今，而諸本皆亡。

今本《莊子》三十三篇，內篇七、外篇十五、雜篇十一。內篇大抵認爲是莊周自作或門人所錄莊周的言論㊱，外雜篇有莊周弟子發揮內篇思想之作，也有一些受儒、法影響和發揚無君思想，批判統治者等等不相同的莊子後學所作的篇章。雖然最近也有人認爲內篇全是莊子後學所作，外雜篇有些才是莊子的本眞，理由

之一是《史記》稱莊子所作〈漁父〉、〈盜跖〉、〈胠篋〉全在外雜編⑰。但此說未被接受，因為《史記》所引的篇名，並非全列莊周的著作。

今本《莊子》可能只剩一半文字，有六萬多字，但被刪的部分，可能「言多詭誕，或似《山海經》，或似類占夢書。」（陸德明《經典釋文・序錄》）等不重要的部分，因此今本仍保存了莊子的主要言論。

口有情有信而自本自根的道

莊子在本體的主張，是繼承老子而再加以發揮的。莊子說：

> 「夫道，有情有信，無為無形，可傳而不可受，可得而不可見，自本自根，未有天地，自古以固存，神鬼神帝，生天生地，在太極之先而不為高，在六極之下而不為深，先天地生而不為久，長於上古而不為老。」（〈大宗師篇〉）

道是可徵信的實體，但卻是無形無象，不是官能所能感覺的，而且獨自為本根，自生而自發，沒有天地之前已經存在，它可以產生天地和人間的鬼神上帝，所以是超越時間和空間。

道何以是有情有信呢？它創造了天地萬物，萬物中的點點滴滴，一草一木，都是道的實存。「東郭子問於莊子曰：『所謂，惡乎在？』莊子曰：『無所不在』。」後來莊子繼續答覆東郭子說：道在螻蟻、在稊稗、在瓦甓、在屎溺。愈比喻愈低賤，愈能顯示道的無所不在性，即所謂「每下愈況」（《知北遊篇》）。

如何自本自根呢？《莊子・齊物論》有一段向前追溯的推論。「有始也者，有未始有始也者，有未始有夫未始有始也者；有有

也者，有無也者，有未始有無也者，有未始有夫未始有無也者。
俄而有無矣，而未始有無之果孰有孰無也。」道是有開始的，往
上求則開始之前猶有沒有開始的階段，即「開始」之事，還未開
始，再往上求，即「開始之事，還未開始」之事，猶未開始。以
下同理，無生了有，但無之前，還未開始，而「無之前，還未開
始」之事，猶未開始。可是現象界突然地同時產生有和無，則不
知是眞有還是眞無呢？這樣全沒有一個知識的坐標，可以無窮盡
的讓文字繼續的堆砌下去而已。

㈢和之以是非的知識論

和老子一樣，莊子以爲知識是不足信的，知可以爲不知，不
知可以爲知。莊子說：

> 「齧缺問乎王倪曰：『子知物之所同是乎？』曰：『吾惡
> 乎知之？』『子知子之所不知邪？』曰：『吾惡乎知之？』『然則
> 物無知邪？』曰：『吾惡乎知之；雖然，嘗試言之，庸詎知吾
> 所謂知之非不知邪？庸詎知吾所謂不知之非知邪？』」（齊
> 物論）

接下去，《莊子》說：人、魚、猿的住處，人、鹿、蜈蚣、貓
頭鷹的食物，人、魚、鳥、鹿的配偶，都有所不同，憑什麼來分
辨呢？〈秋水篇〉還說「以差觀之，因其所大而大之，則萬物莫不
大；因其所小而小之，則萬物莫不小。知天地之爲稊米也，知毫
末之爲丘山也，則差數睹矣。」莊子認爲事物的差異，皆是主觀
的決定，而取消了認識對象的固定性。所謂「隨其成心而師之，
誰獨且無師乎？」（〈齊物論〉）

這樣，就沒有什麼是非了。「物無非彼，物無非是。自彼則不見，自知則知之。故曰：彼出於是，是亦因彼。……因是因非，因非因是。……彼亦一是非，此亦一是非。」（〈齊物論〉）看起來，莊子好像近似老子的「反者，道之動。」彼此的是，含有彼此的非。但莊子卻是沒有標準的是非調和論者，缺乏辯證法推論。「和之以是非，而休乎天鈞，是之謂兩行。」（〈齊物論〉）甚至沒有認識對象的客觀標準。又說：如我與你辯論，你勝我，我眞的就「非」嗎？我勝你，你眞的就「非」嗎？或各有是或非呢？或二人皆是？二人皆非？實在是我與你皆不能相知。人本來就受蒙蔽，是沒有人可以當裁判的。如找個與你、我之一方觀點相同的人來裁判，既然有所同，就不能裁判；如找你、我觀點皆同的人來裁判，既然皆同，也不能裁判（〈齊物論〉）。這樣下去，毫無方位坐標可言，即使是眞理，越辯是越不明的，所以莊子只肯定道、肯定自然，道是純一，沒有畛域之分的，不能分析解說的，如此就否定了檢驗萬物事理的客觀標準，這也就是莊子的相對主義知識論。

㈣精神自由與藝術精神

道實存於萬物草木禽獸與人類，所有生命的存在，只是「氣之聚也，聚則爲生，散則爲死。」（〈知北遊〉），生命的軀殼，只是假象，只是痛苦的根源，所以忘掉肢體，忘掉自我，忘掉知識，忘掉是非，則精神才可以自由奔放。鯤魚，化爲大鵬，高飛九萬里，軀體可以變化，但仍然不是逍遙的終極，只有忘卻肉體，無所牽掛，無所等待，才是眞正的逍遙。（〈逍遙遊〉）「魚相造乎水，人相造乎道，相造乎水者，穿池而養給，相造乎道者，無事而生定。故曰：魚相忘乎江湖，人相忘乎道術。」

（〈大宗師〉）人游於大道就如魚游於江湖，沒有自我的存在，精神逍遙自適，所以忘是非，棄世俗，走向自然，這又叫坐忘。莊子把孔子顏回扮演爲道家的角色。顏回從忘仁義、忘禮樂，而進入坐忘的境界，「墮肢體、黜聰明，離形去智，同於大通，此謂坐忘。」就是遺忘了自我，聰明才智，渾渾然的與自然融通爲一。（見〈大宗師〉）也就是「南郭子綦隱機而坐，仰天而噓，荅焉似喪其耦。」（〈齊物論〉）的表現。

忘的境界並非槁木心灰，了無生意，而是了卻了耳目器官的功能，以靜虛與自然交通，這種內在的作用稱爲心齋，「若一志，無聽之以耳，而聽之以心；無聽之以心而聽之以氣，聽止於耳，心止於符。氣也者，虛而待物者也。唯道集虛。虛者，心齋也。」（〈人間世〉）

這樣摒棄官能，心虛爲用，使莊子的精神自由，亦成爲藝術精神。庖丁解牛所以神乎其技，便是「以神遇而不以目視，官知止而神欲行。」（〈養生主〉）神就是氣，以虛來接物。

如何以虛來交通自然呢？對己心要「用志不分」對外物要「觀天性」同時經過時間，去揣摩，去實踐，〈達生篇〉記仲尼到楚，通過林中，見駝背者用竿黏蟬，如用手揀拾一樣容易。乃是經過學習實踐，而達到「雖天地之大，萬物之多，而唯蜩翼之知，吾不反不側，不以萬物易蜩之翼」的工夫，難怪孔子贊爲：「用志不分。」又梓慶削木成鐘鼓座架，被驚爲巧奪鬼神。也是經過長時齋戒，以至忘形體、公朝。再觀樹木天性，心先構圖，然後實踐。至於〈養生主〉庖丁解牛經十九年的經驗，但仍然面目對牛筋骨聚結處，而感到難以下手，但經「視爲止，行爲遲」，的專心，馬上「謋然已解」，在過程上「莫不中音，合於桑林之舞……」乃是合乎自然的韻律與節奏。最後庖丁「提刀而立，爲

之四顧，爲之躊躇滿志。」則不覺顯露出藝術成就的快感。

㈤竊國者爲諸侯

《史記・莊子傳》稱莊子「作〈漁父〉、〈盜跖〉、〈胠篋〉，以詆訿孔子之徒，以明老子之術。」的確莊派學者是受老子反智論的影響，而對社會制度、傳統禮教，更進一步的凌厲批判。

莊子反智，深刻的認識到知識是統治者累積更多貪婪、罪惡的誘因。智者創建鞏固國家的制度、法令，猶如爲防盜而把財物捆綁、上鎖，而新奪取政權的統治者，也如大盜唯恐綁不緊鎖不牢一樣，把原有的制度據爲己有。像田成子殺齊簡公，子孫盜取齊國，「所盜者豈獨其國邪？並與其聖知之法而盜之。」可見〈胠篋篇〉的作者已看清楚，所謂聖人智者所創之法，只是權力者的政治工具而已。這些法包括斗斛、權衡、符璽、仁義等社會制度、道德。誰能搶奪政權，誰就能利用這「聖智之法」，來鎮壓異己，統治人民。當小盜竊取帶鉤，就要受誅殺，但竊取國家政權的大盜，卻當起了國君還以仁義來粉飾他的門面，「竊鉤者誅，竊國者爲諸侯，諸侯之門而仁義存焉。」（〈胠篋〉）是莊子的名言。

莊子的政治理想是嚮往比老子更原始的社會，是「山無蹊隧，澤無舟梁，萬物羣生，連屬其鄉，禽獸成羣，草木遂長」（〈馬蹄〉）「臥則居居，起則于于，民知其母，不知其父，與麋鹿共處，耕而食，織而衣，無有相害之心。」（〈盜跖〉）的一個與草木鳥獸羣居的羣婚制氏族社會。這裡沒有壓迫、沒有戰爭、純樸無私、無知無識的「至德之隆」，從傳說中的古氏族首領容成氏、大庭氏、伯皇氏……一直到神農氏（見〈胠篋〉）都是如此，但到了黃帝，開始有國家有階級之後，就進入「強凌弱，衆

暴寡」的暴力世界，後來的湯武都是主張暴力的亂人，天下既
亂，仁義禮義之說興起，而儒者「縫衣淺帶，矯言偽行，以迷惑
天下之主，而欲求富貴焉。」（以上見〈盜跖〉）歷史越往後，社
會越墮落，他們在戰國之世，看不到一線的曙光，只鬱積著滿腔
的忿懣與無力感。所以他說了一句名言：「大亂之本，必生於堯
舜之間，其末存乎千世之後。千世之後，其必有人與人相食者
也。」（〈庚桑楚〉）二千多年後的今天，戰爭與公害，真的面臨
「人與人相食」的浩劫。

二、黃老學派

㈠黃老學派的興起

　　戰國中葉，社會加速丕變，士人難以脫身於政局，部分的學
者，取老子思想，及偽託名於黃帝的言論，與現實政治相結合，
這就是黃老之術。它的理論是以氣、精氣、靜虛、無為、寡欲的
道家思想為基礎，再融入形名、法勢、賞罰的法家理念，易言
之，即是道家的法家化，因此，也稱道法家。同時隨戰國學術思
想的統合，也兼吸收了儒、墨、陰陽等學說的思想。

　　黃老思想是江、淮的道家思想與三晉（韓、趙、魏）法家思
想的會合。《史記·老莊申韓傳》：「申子之學本於黃老而主刑
名。著書二篇，號曰申子。」申不害（？～前337）在韓昭侯八
年（前355年）起為相，他學本黃老應該更早，則前四世紀前半
葉黃老思想已在三晉流行，稍晚齊宣王（前320立～301年卒）
號召天下士人講學於臨淄稷門下，黃老學者遂羣聚稷下，成為稷
下學術的主流思想之一。《史記·孟荀傳》：「慎到，趙人；田

騈、接子，齊人；環淵，楚人，皆學黃老道德之術，因發明序其
指意。」這些稷下士逐把黃老思想推展於天下。

黃老學派係道家的雜系，但在戰國末、西漢初對學術、政
治、社會之影響，遠甚於莊子學派。幾乎法家、兵家以及儒家的
荀子皆受其影響，而終成爲漢初的統治思想，漢初的道家就黃老
㊳。

其留下的著作有《管子》中的〈白心〉、〈心術〉上下篇、〈內業〉
等四篇，新出土的黃帝四經、以及列子中部分的材料。至於知名
的學者有愼到、田駢、彭蒙、接子、環淵、宋鈃、尹文等人，這
些人多爲學派的邊緣人物，學術界的學派歸類，難免不同，如愼
到爲法家，宋、尹爲墨家，由於法、墨的純一性較高，而黃老本
身就是融合「儒墨名法」的，是綜合性較高的學派，所以就收進
黃老學派之中。

㈡《管子・心術》等四篇

《管子》是一部法儒道諸家的總集。其中〈心術〉上、〈心術〉
下、〈白心〉、〈內業〉四篇，四篇之名都指內心虛靜的作用，而文
字用語也有彼此相通處，所以自成一個系統㊴。

四篇作者有以爲是宋鈃、尹文，有以爲是愼到，或以爲是列
子禦寇之言，未有定論，但確信是戰國黃老學派的作品。

四篇皆以精氣爲宇宙萬物的本源，它是超乎形體的存在，而
萬物皆由它而生。精是氣的存在作用，氣是精的組成現象。所以
「一氣能變曰精。」（〈心術〉下）「凡物之精，比則爲生。下生
五穀，上爲列星，流於天地之間，謂之鬼神，藏於胸中，謂之聖
人，是故名氣。」（〈內業〉）同時，也用「道」字，道是氣之
精，即氣的作用規律。「凡道無根無莖，無葉無榮。萬物以生，

萬物以成，命之曰道。」但道顯然是四篇中的次要命題。唯有精
氣才是認識萬物的基礎，黃老思想稟承老子的無神論，以為聚氣
於一，就能谿然貫通，而非鬼神之力。「摶氣如神，萬物備存。
……能勿求諸人而得之己乎？思之思之，又重思之。思之而不
通，鬼神將通之；非鬼神之力也，精氣之極也。」（〈內業〉）

至於認識的方法，在於虛靜，天地自然，本是虛靜。「天曰
虛，地曰靜，乃不貳。」（〈心術〉上）心無所容雜思成見，就是
虛。「虛者，無藏也。」（〈心術〉上）而如「人能正靜，……乃
能……鑒於大清，視於大明。……偏知天下，窮於四極。」
（〈內業〉）

總之，精氣虛靜是吸取老子思想，而進一步加以典型化，而
成為黃老思想的主要命題。

㈢《黃帝四經》

1973 年湖南馬王堆漢墓出土帛書《老子》，在隸書乙種本的
卷前有四篇古佚書，篇名為經法、〈十大經〉、〈稱〉、〈道原〉共一
萬一千多字，學者推測係《漢書・藝文志》中的《黃帝四經》。於漢
文帝時抄寫，與《老子》一起下葬⑩。

《四經》多談「道」兼「法」的治術。《十大經》有「今天下大
爭」而斷定是戰國中葉後黃老學者的作品。

《經法》一開始就稱：「道生法。法者，引得失以繩，而明曲
直者也。□執道者，生法而弗敢犯也，法立而弗敢廢也。□能自
引以繩，然后見知天下而不惑矣。虛無形，其裻冥冥，萬物之所
從生。」道產生法，而法是一切是非曲直的標準，一旦生法，道
亦不敢犯法。而虛是無形的，是萬物產生的源頭。而「虛」實是
道的中虛的現象。「上道高而不可察也，深而不可測也。顯明弗

能爲名，廣大弗能爲形，獨立不偶，萬物莫之能令。天地陰陽，四時四月……戴根之徒，皆取生。」（〈道原〉）道獨立自主，超乎形象，而創造宇宙萬物，「聖人能察無形，能聽無聲，知虛之實。……乃通天地之精……服此道者，是謂能精。」（〈道原〉）則如《管子・內業》，道與精爲異名同實的。

至於治術，多道法思想，甚至雜有儒術。「剛柔陰陽，固不兩行，兩相養，時相成，居則有法，動作循名，其事若易成。」「聖人舉事也，闔於天地，順於民，祥於鬼神，使民同利，萬夫賴之，所謂義也。身載於前，主上用之，長利國家社稷，世利萬夫百姓。天下名軒執□士於是虛。……是故君子卑身以從道。」（皆《十大經》）前者是道法合流，後者則是道法儒雜混。此帛書大行於漢初，正是黃老政治的理論基礎。

四《列子》

列子其人其書，過去曾認爲是子虛人物及魏晉僞書。其實大爲不然。列子名禦寇，春秋末鄭人，戰國時韓國學者，史疾曾研究「貴正」的「列子禦寇之言」（《戰國策・韓策二》）又《呂氏春秋・不二篇》說：「子列子貴虛」。今《管子・內業》等四篇，《黃帝四經》都強調正、靜。如《經法》：「臣君當位謂之靜，賢不肖當位謂之正。」極可能列禦寇是三晉黃老學派的先驅。《莊子》亦多引列子事蹟，足證列子必有其人[41]。

《列子》書所述人物皆是先秦的，大多數資料也確屬先秦或西漢的。晉時編輯今本《列子》八篇，其中資料，還是從《莊子》五十二篇本中有關似《山海經》、《占夢書》（見陸德明《經典釋文・序錄》）抽出，全書組成雖來自多方面，還純是道家者流之言，其中關於哲學思想的章句詞彙，可斷定屬於黃老學派。「夫有形者

生於無形，則天地安從生？……太易者，未見氣也；太初者，氣
之始也；太始者，形之始也；太素者，質之始也。氣形質具而未
相離，故曰渾淪。」（〈天瑞〉）「虹蜺也……四時也。此積氣之
成乎天者也。」（〈天瑞〉）這與《管子‧內業》說法相同。而有人
問列子：「子奚貴虛？」他說：「莫如靜，莫如虛，靜也虛也，
得其居矣。」（〈天瑞〉）虛則是列子的標誌，也是黃老之術的特
徵。

此外，在人事上，主張不得不然的定命論，〈力命論〉全是自
然定命論，所謂命，就讓生命「自壽自夭，自窮自達，自貴自
賤，自富自貧。」而影響到王充的命論，《論衡》不少文句思想多
與《列子》相同，並為南方江淮的楚方言系統，劉向《列子新書敍
錄》稱：「其學本於黃帝、老子。」允為的論，而且全本列子，
應該保有一些列禦寇的原始思想。

(五)稷下黃老學者

戰國中葉時，齊威王初年（前 357 年）開始設稷下學宮，召
天下士人到此講學，至其子宣王最盛，稷下的百家學者，以黃老
學者在人數上最多，大約在前四世紀下半葉，黃老學派的稷下先
生有宋鈃、尹文、彭蒙、田駢、慎到、接子、環淵等人。分別敍
述如下：

1. 宋鈃、尹文

宋鈃、尹文在《莊子‧天下篇》列為一派，在《荀子‧非十二
子篇》中則宋鈃與墨翟合為一派。

宋鈃、宋人，《孟子》書中稱宋牼，《莊子》、《韓非子》又稱宋
榮（子），是戰國著名思想家。他曾親自到楚國，為楚秦交戰作

調停工作，因主張功利、儉約、反對戰爭、階級，與墨家相似，但非墨家，荀子批評他「有見於少，無見於多。」（〈天論〉）、「蔽於欲而不知得」（〈解蔽〉）

尹文，與宋鈃同時為稷下士或為宋鈃之師⑫。曾與齊宣王論政⑬，主張無為而能容下，見侮而不鬥。

《莊子・天下篇》稱宋、尹的共同思想是不受世俗牽累，不因外物而虛矯，以人民羣眾的安寧與生活，為最大的期待。主張階級平等，破除人的主觀成見（「別宥」），以及「見侮不辱，救民之鬥，禁攻寢兵，救世之戰。」反戰的和平主義。大抵宋、尹倡無為、形名、非攻，法家的色彩不很濃。《漢書・藝文志》有〈宋子〉十八篇，注：「孫卿道宋子，其言黃老意。」書已久佚。《漢書・藝文志》有〈尹文子〉一篇。今本二篇，為後世所偽作。

2. 彭蒙、田駢、慎到

此三人，《莊子・天下篇》列為一派，其中慎到、田駢，《荀子・非十二子篇》又列為一組。

彭蒙據清俞樾的解釋是田駢的老師⑭。

田駢，大概是齊國的宗室。曾以道術說齊王，言「因性任物而莫不宜當。」⑮主張均齊。遊稷下，號天口駢。彭、田言：「莫之是莫之非」，是泯滅是非的均齊。所以《呂氏春秋・不二》說「陳駢貴齊」。

慎到，趙人，是極有影響力的道法家。〈天下篇〉說他「棄知去己」棄知，即道家的反智，反聖賢，不尚賢，與儒墨唱反調；去己，則不存成心，消除是非，知即不知，是莊子齊物的思想，所以〈天下篇〉「齊萬物以為首」⑯此外，他崇尚法治，治國定賞分財一定要由法，「治國無其法則亂」。特別他倡導的勢，被後

來的法家視爲法、術、勢三派之一⑰，勢是勢位，就是統治權力，政權。「慎子曰：賢人而詘於不肖者，則權輕位卑也，不肖而能服賢者，則權重位尊也。堯爲匹夫，不能治三人；而桀爲天子，能亂天下。吾以此知勢位之足恃，而賢智之不足慕也。」（《韓非子・難勢》）慎到的勢，後爲韓非所重視。在儒學的立場，荀子批評他：「尙法而無法，……不可以經國定分。」（〈非十二子篇〉）「慎子蔽於法而不知賢。」（〈解蔽〉）慎到尙法，畢竟不是法家。楊倞《荀子注》：「慎子本黃老，歸刑名，多明不尙賢，不使能之道。」《史記・孟荀傳》稱「慎到著十二論」今本多五篇，非《漢志》本眞。

至於接子，齊人，《漢志》有〈捷子〉二篇，捷同接。環淵，楚人，環，一行蜎，《史記・孟荀傳》稱：「環淵著上下篇。」《漢志》則稱十三篇，二人作品皆佚，未知其詳⑱。

三、楊朱學派

㈠楊朱與楊朱學派

楊朱（約前四世紀上半葉），戰國中葉思想家，稍早於莊周、孟軻，《孟子》、《莊子》書都提到楊朱。孟子把楊朱與墨翟當作儒者最重要的敵手，以駁斥楊、墨，爲孔孟門徒的職責。

「楊朱、墨翟之言盈天下，天下之言不歸楊則歸墨。楊氏爲我，是無君也，墨氏兼愛，是無父也。……楊、墨之道不息，孔子之道不著，是邪說誣民，充塞仁義也。……吾爲此懼，閑先聖之道，距楊、墨，放淫辭、邪說者不得作。……豈好辯哉？予不得已也。能言距楊、墨者，聖人之徒

也。」（〈滕文公〉下）

孟子在此把楊、墨視為眼中之大患，以「距楊、墨」為自身之大任，則孟子時楊朱與墨翟學說必並為當世之顯學，而平分天下之術。還有《莊子》的〈雜篇〉〈徐无鬼篇〉說：「儒、墨、楊、秉四與夫子為伍。」等談到楊朱的資料，可見莊子後學猶論及楊朱。

但到戰國末，專評論諸家學術的荀子的〈非十二子篇〉、〈解蔽篇〉，以及受荀子影響的莊子後學所作的《莊子・天下篇》。全都說到墨翟，就是沒引到楊朱，可能楊學在戰國末已經衰微，不再被談論。

楊朱，姓楊，名朱，《史記》無傳，也未引到。孟子除稱楊朱外，與莊子一樣另有單稱楊的，並多與墨合稱。莊子有別稱為陽子，或陽子居，「子居」為朱之切語，或朱、居同音而來，《呂氏春秋》則稱陽生，至於邑里，有稱宋人，有稱秦人，或衛人，皆無可考。又楊朱有以為即莊周，但證據殊缺完備⑭，揚雄《法言・五百篇》：「莊楊蕩而不法，墨晏儉而廢禮。」共陳四人，莊楊為二人也甚明。

楊朱的資料，除上述《莊》《孟》外，又見於《韓非子・顯學》、《淮南子・氾論訓》。至於陳述楊朱思想內涵的有《呂氏春秋》中的〈本生〉、〈重己〉、〈貴生〉、〈情欲〉四篇。從未被注意的《莊子・盜跖篇》，也反對「離名輕死，不念本養壽命」，反對「不能說其志意，養其壽命者」，其實就是楊子貴生的思想。還有《列子・楊朱篇》，過去幾全不列入楊朱的資料，一口咬定為偽書，事實大半的資料，恐怕都是先秦的，部分還符合楊朱的思想，我們不能未經考辨求證，而便妄加定為魏晉之作⑮。

楊朱於孟子時聲勢既稱壯大，必非徒楊朱一人可知，尤其必有弟子，如《列子・楊朱篇》和〈說符篇〉的孟孫陽。在《呂氏春秋》記有子華子、詹何與魏牟三人。子華子以韓昭侯不願斷兩手以得天下，而勸昭侯不可傷身以攻打小於天下的魏國。而詹何告訴中山公子牟（〈魏牟〉）：「重生則輕利。」（皆見〈審爲篇〉）而魏牟與它囂則是《荀子・非十二子》所評爲「縱情性，安恣睢，禽獸行，不足以合文通治」一派人物，這幾個人大約與孟莊同時，爲楊朱學派鼎盛時的活動家。

楊朱素來多以爲道家，近人有以爲非道家，認爲與老莊思想不同，並爲莊子所排斥，而且楊朱有妻妾而又從事政治活動，與道家隱者不同㉛。然而楊朱崇尙自然無爲，反對君主，反對禮教，與老莊大同，雖貴己爲我，與莊子無己忘身，表面上不同，實則莊子的「性命之情」與楊朱的「全性」並無不同，而貴生「不以物累形」與老莊養生及「無所待」之精神並無軒輊，他們都是自由的個人主義者，其道雖與莊子略有鑿枘，而莊周亦曾爲吏，非眞正埋名的隱者。楊朱容有與老莊小異，從學術史看，如欲獨立於諸家之外，還是遠不如歸爲道家，何況楊朱可能與老聃有思想上的繼承關係。《莊子・寓言》及《列子・黃帝》同稱楊朱學於老聃，或無其事，但必有些淵源，而揚雄法言以莊楊並列，漢人早視爲一家矣。

㈡爲我與無君

在漢初以前，主要談到楊朱思想的資料有：

> 「楊子爲我，是無君也。」（《孟子・滕文公》上）

「楊子取為我，拔一毛而利天下，不為也。」（《孟子‧盡心》上）

「楊生貴己。」（《呂氏春秋‧不二》）

「全性葆真，不以物累形，楊子之所立也，而孟子非之。」（《淮南子‧氾論訓》）

歸納有三點：一是為我貴己，即保全本性。二是不以外物來拖累自身，即輕視外物。三是無君。三者實為一體，相輔而不可分。

楊朱生在老聃墨翟之後，頗受兩家正反面的影響。今本《老子》一書，仍然保留老聃的思想。《老子》說：「故貴以身為天下，若可寄天下；愛以身為天下，若可託天下。」（十三章）即指貴身愛身，有甚於天下者，可以託以天下。「名與身孰親？身與貨孰多？」（四十四章）則是虛名，外物遠不如身體生命重要。而《墨子‧貴義》：「予子天下，而殺子之身，子為之乎？必不為，何故？則天下不若身之貴也。爭一言以相殺，是貴義於其身也。故曰：萬事莫貴於義也。」墨子亦以身重於天下，但最後歸之於義，是利他，而楊朱是貴生，是利己。即所謂「聖人深慮天下，莫貴於生」（《呂氏春秋‧貴生》）

前面所說《呂氏春秋‧貴生》等四篇，大概是楊朱學派的思想被改寫收入的。楊派認為個人是有慾望的，人有耳、目、口之慾，是無論貴賤智愚，凡是人皆有之。「天生人而使有貪有欲，欲有情，情有節，聖人修節以止欲，故不過行其情也。故耳之欲五聲，目之欲五色，口之欲五味，情也。此三者，貴賤愚智賢不

肯欲之若一，雖神農、黃帝，其與桀紂同。」（《呂氏春秋·情欲》）人被肯定有慾望，表示有維持生命生存的本能，人的器官可以追逐聲色，但以利於生命為原則，如害於生命，「夫耳目鼻口，生之役也，耳雖欲聲，目雖欲色，鼻雖欲芬香，口雖欲滋味，害於生則止。」（《呂氏春秋·貴生》）則就要制止慾望。

「身固生之主，物亦養之主」（《列子·楊朱》）身體是生命的主體，外物是養身的主體，但清潔的本性會受外物的引誘而擾亂，因此就要重視本性，重視生命，而輕視外物。「物也者，所以養性也，非所以性養也，今世之人，惑者多以性養物，則不知輕重也。」（《呂氏春秋·本性》）這就叫「輕物重生」（《韓非子·顯學》），重生，就必須保全自己的本性，駕御外物，不為外物牽累，這就是「全性葆真，不以物累形」。

所以楊朱一方面承認有人慾，一方面又不能放縱物慾。如何來取捨，就要以有利自己的性命為依據。「聖人之於聲色滋味也，利於性則取之，害於性則舍之，此全性之道也。」（《呂氏春秋·本生》）則實際上對外物的關係，是持保守的態度，所謂「聖人必先適欲」（《呂氏春秋·重己》）就是自我克制本能，這與儒者的聖人，不僅沒有人慾，還有天賦的至誠，可以與天地相參，大異其趣。（《禮記·中庸》）

生活是顯現在人身生命的價值，社會國家的發展是基於個人的幸福。個人生命的自主，個人生命的價值，是社會國家存在的目的，楊朱的為我貴生，是利己的個人主義（individualism），一個可以讓個人有「適欲」性的自私自利而又自然平衡的社會，將是一個重視個人人權的自由國度，沒有個人自由為基礎的他利主義，必會陷入集權主義，墨家就有這樣的風險，所以楊朱終於走向無君的道路上。「伯成子高不以一毫利物，舍國而隱耕。」

（《列子‧楊朱》）自由的個人主義就是反對犧牲奉獻，伯成子高拒絕了國家，就是拒絕了挾國家之名以號令人民的君主。

西方民主政治的建立是植根於個人主義，中國傳統的儒、墨都是羣體主義，唯有個人的人權能夠伸張，民主法治才能夠成長。楊朱的個人主義的夭折，意味著中國民主政治的艱辛與坎坷。

肆、道家的黃老期

一、漢初的黃老政治思想

漢高祖劉邦為沛之豐邑人，雖近鄒魯，卻是屬於南方文化的楚地。他打天下的骨幹正多為豐沛子弟，當他立為沛公，還在沛祭祀華夏人所痛恨的苗蠻民族始祖蚩尤，厭惡儒生，罵人豎儒，甚至小便在儒冠上，秦博士叔孫通棄儒冠，穿楚衣，才敢見他。足以知劉邦是南方楚文化的人物⑫。

淮水流域的豐沛，是傳統道家搖籃地⑬，而且豐沛集團出身大多微賤，知識份子蕭何、曹參，也只是秦之小吏而已，對儒者之繁文縟節不感興趣，而張良亦是出於三晉的黃老學派的信仰者，故當秦因酷法而亡後，漢初面臨殘破的經濟，人民因饑荒而相食的慘劇⑭，別無選擇的走向黃老政治。

陸賈（約前 240～前 170 年）楚人，為劉邦的客卿，為秦漢間道儒合流的思想家，他為劉邦陳述「秦所以失天下，吾所以得之者為何？及古成敗之國。」共十二篇，稱為《新語》，認為「道莫大於無為，行莫大於謹敬。」（〈無為〉）以及《詩》《書》之教。

尤其以「聖人執一政以繩百姓，執一概以等萬民，所以同一治爲明一統也。」（〈懷慮〉）爲漢初大一統的新社會奠定理論。

蓋公，膠西人，是漢初黃老政治的理論指導者，曹參在惠帝時爲齊相，請敎他，他說：「治道貴清靜而民自定。」曹參用黃老術，相齊九年，大治。後蕭何死，曹參繼爲相國，無爲而治，與民休息。死後百姓歌頌他：「蕭何爲法，顜若畫一，曹參代之，守而勿失。載其清淨，民以寧一。」[55]

賈誼（前 200～前 168 年）是陸賈後最傑出的青年思想家。他初受知於漢文帝，後被讒失勢，鬱鬱而死，著《新書》五十六篇。他是儒道法合論者。他說「道者，所以接物也，其本者謂之虛，其末者謂之術。……鏡儀而居，無執不藏，美惡畢至，各得其當。……明主者，南面而正，清虛而靜……此虛之接物也。……人主仁而境內和美，……人主義而境內理矣。……人主法而境內軌矣……凡權重者，必謹於事……此術之接物之道也。」（〈道術篇〉）完全是儒道法合一的政治思想。而且把「道」的含義擴到包括儒家的孝、悌、仁、義，道家的退、讓、儉、節，法家的辯、察、威、嚴等等共五十五品。而在方法上，他繼承了老子的辯證思想，「禍兮福」所倚，福兮禍所伏，憂喜聚門兮，吉凶同域。」（〈鵩鳥賦〉）說明任何事物都存在著彼此的對立面。雖然他的思想基本上是符合黃老思想的運作，但卻含有要求變的願望。

從文帝到景帝繼續推行無爲政治，文帝恭謙儉約，寬厚刑罰，父子皆親耕勸農，減除田賦，史稱文景之治。

武帝即位，思欲振作，推動儒術，但他的祖母文帝妻竇太后好黃老言，加以阻擾，等到竇氏死，實行六十多年的黃老政治，遂告結束。

二、劉安與淮南子

淮南王劉安（西元前 179～前 122 年）爲文帝弟淮南厲王劉長之子，爲人好書鼓琴，崇尚神仙陰陽，而不善遊獵犬馬之娛，招致賓客方士有數千人，集體編纂《淮南子》二十一篇，後在中央削藩的政策下被告謀反，自殺，連累被殺的有數萬人。⑤⑥

《淮南子》原稱《鴻烈》，是「光大」道術的意思。全書主要繼承老子思想，也兼取莊子，並雜有孔、墨、申、韓之術，已知的作者有伍被、蘇飛、李向……等八人，淮南治壽春（今安徽壽縣），原曾爲戰國楚都，這些學者不少爲南方道家黃老學者，因此《淮南子》多楚文化多楚語。

《淮南子》是在先秦自然科學發的基礎下，提出了比較清晰的宇宙觀與世界觀。「天墜未形，馮馮翼翼，洞洞灟灟，故曰大昭（始）。道始于虛霩，虛霩生宇宙，宇宙生氣，氣有涯垠，清陽者，薄靡而爲天；重濁者，凝滯而爲地，清妙之合專易，重濁之凝竭難，故天先成而地後定，天地之襲精爲陰陽，陰陽之專精爲四時，四時之散精爲萬物，積陽之熱氣生火，火氣之精者爲日，水氣之精者爲月，日月之淫爲精者爲星辰。」（〈天文訓〉）指天地未形成之前是混沌的狀態，是爲太始，而道就產生於這空虛的狀態之中，然後有宇宙、氣、天、地、陰陽、四時、萬物、火、水、日月、星辰。這是把所有物質的、天體的、時空的詞彙總結在一起。同時又套用《莊子·齊物論》宇宙天地之前，最原始的三個發展階段，「有始者」、「有未始有有始者」、「有未始有夫未始有有始者。」後者是「宇宙開始前」猶未開始的最初的階段是「天含和而未降，地懷氣而未暢，虛無寂寞……氣遂而大通冥

冥者也。」即《列子・天瑞》「未見氣」的太易。中者是其次的階
段，「天氣始下，地氣始上，陰陽錯合」是《列子》「氣之始」的
太初，但《淮南子》把氣分陰陽，說得更周全，最後的「有始者」
則是萬物「萌兆牙蘖，未有形埒垠堮，无无蠕蠕，將欲生興，而
未成物類。」（皆見俶眞訓）即將生而未生的階段，與「形之
始」的太初，有所不同，既然是天地萬物之始，應該還是超現象
的，所以《淮南子》將「始」當作無形。而把莊子的「有有者」才
是萬物開始，《淮南子》作比較細膩的疏解並統一了莊子神祕的架
構。

在認識論上，他如先秦黃老學者一般要如鏡子與水反映外
物，不先設有主觀的巧智。「夫鏡水之于形接也，不設智故，而
方圓曲直弗能逃也。」（〈原道訓〉）而且強調衆人的智力超乎個
人之上，而學習則可以補救個人之不足。所以「文王智而好問，
故聖。」（〈主術訓〉）

此外，它修正了老莊徹底的反仁義禮樂，只認爲貴仁貴義是
因「人衆而財寡，事力勞而養不足」「比周朋黨……」，所以
「仁義禮樂者，可以救敗，而非通治之至也。」只是治標，不能
治本，政治上主張自然的法治主義，設立天子的目的是爲天下弱
者來爭公平的，以爲「澹然無治而無不治也」。（〈原道訓〉）

伍、道家的科學期

西漢從武帝用董仲舒言而獨尊儒術後，黃老道家逐退出政治
舞台，儒者與陰陽家方士結合，使今文學成爲講圖讖災異的官方
神學。從《春秋繁露》到《白虎通義》，顯示出讖緯迷信和倫理綱常
是控制與麻醉社會的工具，而引起揚雄、桓譚的批判。王充便是

在這樣的環境下，進一步而吸收道家的思想，來反對讖緯迷信。

王充（27～97 年），東漢初會稽人，性情淡泊，不貪富貴，著《論衡》八十五篇，在〈自紀篇〉曾對祖先和自己作出批判。王充並不完全反對儒家和仁義，然儒者必須符合天道，而天道就是自然。「儒生所學者，道也；文吏所學者，事也。……事本於道。」「儒生治本，文吏理末」（《論衡・程材》）。當時儒者大談寒溫、譴告㊄，即認爲天氣的冷熱是由君主喜怒決定的，上天會對失德的君主以失常的天候加以譴責。這些荒唐的謬論，只是「合於人事，不入于道意。」漢儒只提搞寒溫、譴告的迂腐官僚，是人事而不合天道，所以王充明確的說：「從道不隨事，雖違儒家之說，合黃老之義也。」（皆見〈自然篇〉）他以道家的天道觀爲基礎，來攻擊漢儒的天人感應的神學觀，是漢代思想史的大事。

王充也以天地萬物人類之原始物質元素是精氣，元氣。「天地，含氣之自然也。」（〈談天〉）、「天地合氣，萬物自生。……夫天覆於上，地偃於下，下氣蒸上，上氣降下，萬物自生其中間矣。」（〈自然〉）他受到當時科學、醫學發展的影響，更細致的以爲萬物所以有各種物類，如動植物，乃是受元氣的厚薄精粗有別，但人也是物，「雖貴爲王侯，性不異於物。」（〈道虛〉），則王侯與人皆爲萬物，而元氣運動的規律是要調和，氣和則通，通則強壯。「血脈不調，人生疾病，風氣不和，歲生災異。」〈譴告〉）人的疾病與年歲的災害是自然元氣不調和，不是上天有意志的作用。王充還對宇宙、天文的現象提出懷疑和見解，如對儒者所說早、晚、中午時太陽與人的距離遠近加以辯說。（〈說日〉）這也是道家從莊子到淮南對自然界天文現象關懷的傳統。英國李約瑟稱王充是中國科學思想史最偉大的人物之一

⑱，誠為確論。

此外，值得一提的是王充也主張自然的定命論，多見於第一篇〈逢遇〉到十五篇〈奇怪〉之中，他以為人的命運固不是天、神來決定，但畢竟有命有時，這種支配的力量是自然。他稱為「幸」或「偶」。「凡人操行，有賢有愚，及遭禍福，有幸有不幸，舉事有是有非，及觸賞罰，有偶者不偶。」（〈幸偶〉）甚至認為人的一生全靠命運、時機，靠努力是沒有用的「任官貴賤，資產貧富，命與時也，命則不可勉，時則不可力。」（〈命祿〉）這是受到莊子「死生存亡、窮達貧富、賢與不肖、毀譽、飢渴、寒暑，是事之變，命之行也。」⑲的定命論之影響。

王充之後，有張衡、王符。

張衡（78～139 年）也是大科學家，文學家，他曾為大史令十四年，精天文曆法。

他的〈靈憲〉是闡述道家的宇宙論：

> 「太素之前，幽清玄靜，寂寞冥默，不可為象，厥中惟虛，厥外惟無。……乃道之根也，道根既建，自無生有，太素始萌……故《道志》（即《老子》）：『有物渾成，先天地生。』……道幹既育，萬物成體，於是元氣剖判，剛柔始兮……。」

此是以老子的道的宇宙論為基礎，然後發展到天地、萬物，天地有日月眾星，眾星有運行的規律「近天則遲，遠天則速，行則屈，屈則留回，留回則逆。」皆符合天文現象。

在面對當時瀰漫的圖讖思想，他曾上疏皇帝力陳其非，說：「讖書始出……殆必虛偽之徒，以要世取資，……此皆欺世罔

俗，以眛勢位。」⑩一語道破讖緯的出現是利祿之徒，用以欺世盜名的。

張衡在他的許多著名辭賦中，如〈思玄賦〉、〈髑髏賦〉、〈歸田賦〉，亦皆反映出他對老莊道家的嚮往。

與張衡相友善的有王符。

王符個性耿介，不同流俗，因此仕途受阻，乃隱居著書三十多篇。以自己爲出身低賤的歸隱者，而稱《潛夫論》。

他的宇宙論與張衡大抵相同。稱：「上古之世，太素之時，元氣窈冥，未有形兆，萬精合一，混而爲一，莫制莫御。若斯文之，翻然自化。……天地壹郁，萬物化淳，和氣生人，以統理之。……故曰：天功人其代之。」（《潛夫論・本訓》）但由元氣化爲天地之後有所不同，他強調人爲的功能，無非是老莊，而是歸漢初的黃老，他又說「人君之治，莫大於道，莫美於教，莫神於化，道者所以持之也，德者所以苞之也，教者所以知之也，化者所以致之也。」（〈德化篇〉）可見是道與儒合流的思想。

由於王符有傳統儒家思想，而使他對鬼魂的存在有相當的保留。但人事全不涉鬼神，「聖人不煩卜筮，敬鬼神而遠之。夫鬼神與人，殊氣異務，非有事故，何奈於我？」（〈卜列篇〉）。進而不遺餘力的對各種迷信的行爲嚴厲抨擊，如對當時人相信姓名、住宅與五行相配，以定吉凶加以駁斥。「亦有妄傳，姓於五音，設五宅之符第，其爲誣也甚矣。……以聲音言語定五行，誤莫甚焉……吉凶興衰，不在宅明矣。」（〈卜列〉）進而對從事卜筮的巫祝批評：「（婦人）今多不脩中饋，休其蠶織，而起學巫祝，鼓舞事神，以欺誣細民，熒惑百姓。」又說：「或增禍重崇，至於死亡，而不知巫所欺誤，反恨事神之晚，此妖妄之甚者也。」（〈浮侈〉）神棍虛弄鬼神，醫病致死，一、兩千年依然如

故，不禁為王符科學精神叫好。

陸、道家的蛻變期

　　東漢政權在外戚、宦官相繼控制下，士族知識份子形成清流集團，抗拒一陣之後，終被撲滅。無告的農村饑民，逐瓦解了漢帝國，曹魏興起，鎮壓士人依舊，而曹操又提倡刑名之學，於是士人由清議轉為清談，把過去評論政事、諷諭人物，轉化為抽象的論述才性，以《老子》、《莊子》為主，再融合儒家經義為理論（《老莊》《周易》為三玄），並兼取名、法的方法學，成為魏晉玄學，其實就是道家思想的蛻化，也是中土道家思想的尾聲。

　　魏晉玄學，起於正始年間（240～249年）主要的人物為何晏（？～249年）與王弼（226～249年），二人都以老子的「無」為天地萬物之本，而擺脫黃老學派所強調的精氣說。何晏說：「有之為有，恃『無』以生，事而為事，由『無』以成，夫道之無語，名之而無名，視之而無形，聽之而無聲，則道之全焉。」（《列子・天瑞》張湛注引何晏《道論》）王弼也說：「凡有皆始於『無』，故未形無名之時，則為萬物之始；及其有形有名之時，則長之育之，亭之毒之，為其母也。言道以無形無名始成，萬物以始以成而不知其所以，玄之又玄也。」（《老子注》第一章）所以道是無形無名，因此無就成了道的代名，「道者，無之稱也；無不道也，無不由也，況之曰道。寂然無體，不可為象。」（王弼《論語・釋疑》）

　　王弼進一步拋棄了老子「有無相生」的原則，把「無」與「有」，視為體與用，本與末的關係，而無是所有品物的宗主，「苞通天地，靡使不經。」（《老子微指略例》），「無」才是一

切事物的原形原本。其次，他又承老子而主虛靜。「凡有起於虛，動起於靜，故萬物雖並動作，卒復歸於虛靜，是物之極篤也。」（《老子注》十六章）因為無，所以靜，有則動，所動由靜生，一如有由無生。因此政治上主張無為產生有為，則有為仍是政治上的自然發展。這就是自然與名教的結合。

嵇康（224～263年）是繼承老莊的反智論，由於反對司馬家虛偽的假仁義，而激烈的抨擊聖智仁義。「非湯、武而薄周、孔。」（〈與山巨源絕交書〉）進而反對君主專制之害。「憑尊恃勢，不友不師，宰割天下，以奉其私，……下疾其上，君猜其臣，喪亂弘多，國乃隕顛。」（〈太師箴〉）所以他反對名教束縛人性，而主張「越名教而任自然。」（〈養生論〉）最後他不屈服而被司馬昭殺害。

再次的玄學家是向秀（227～277年）、郭象（？～311年）二人皆注《莊子》聞名。郭注部分引自向注，向本亡，而今存郭本，因此郭注《莊子》是承襲向秀而來。

向郭否定王弼「有生於無」，以為「萬物獨化」，即無不能生有，有乃是萬物的自立。「無既無矣，則不能生有，有之未生，又不能為生，然則生生者誰哉？塊然而自生耳。自生耳，非我生也。我既不能生物，物亦不能生我，則我自然矣。」（〈齊物論注〉）這種自生，受王充「物偶自生」的自然定命論影響，郭象以為是自個兒、孤立的、單獨變化，沒有內外在的因素，因此也稱「獨化」。「凡得之者，外不資於道，內不由於己，掘然自得而獨化也。」（〈大宗師注〉）「人之所因者，天地，天之所生者，獨化也。……卓爾獨化，至於玄冥之境。」（〈大宗師注〉）

因為自生，所以要自足其性，自安其分，社會每一個個體皆

自安其業，即是「天理自然」，因此名教與自然合一，而成爲**魏晋六朝**官方思想的主導。

至於在道家無爲政治理想方面，因**魏晋**統治層的腐化，殺戮甚重，使士人更嚮往老莊中的純樸社會，阮籍的《大人先生傳》、鮑敬言的《無君論》，都是幻想一個沒有征服、戰爭、名教、禮法的原始社會，正也是陶潛筆下的桃花源。

結　尾

道家從先秦經兩漢到**魏晋**，就是從獨立的學術思想到與諸家整合的歷程。到魏晋之後，道家思想終於失去它積極的主導性，而與儒家與佛家的哲學相融合。

至道家的社會活動，逐漸由道教所取代。道教是從傳統巫術信仰所發展出來的宗教，與不信鬼神的道家全沒有繼承上的關係，但後來道教徒，遂取老莊之名及思想來做爲道教一部分的理論架構，使道教徒也成爲老莊的信仰者，然而它畢竟是宗教，二千年來成爲中國的本土宗教，與外來的佛教，平分秋色⑪。

註　釋

①徐炳昶《中國古史的傳說時代》，許倬雲《西周史》。

②《左傳》定公四年。

③辛甲諫紂事，見《史記・周本紀集解》引劉向〈別錄〉。

④《逸周書・克殷》。

⑤《逸周書・世俘》。

⑥劉節《中國史學史稿》四，《古代史官學史學》。王利器《漢書古今人

表疏證》。122 頁。

⑦《國語・晉語》四稱文王訪辛、尹，辛是辛甲，尹是尹佚即史佚。
《左傳》成公四年稱成王曾向史佚問政。

⑧《通志・氏族略》三：少昊之子封於尹城，因此爲氏。

⑨《左傳》昭公十七年。

⑩《文物》，1978 年 3 期著錄。

⑪《左傳》僖公十五年。

⑫《國語・周語》下。

⑬《國語・鄭語》。

⑭《國語・周語》上。

⑮《左傳》莊公三十二年。

⑯《國語・周語》上。興，《左傳》作叔興，參見註⑳。

⑰〈金人銘〉，見《孔子家語・觀周篇》、《說苑・敬愼篇》、《天中記》二
十二。

⑱《老子》二章：「聖人處無之事，行不言之敎。」五章：「多言數
窮。」四三章：「不言之敎，無爲之益。」二十章：「俗人昭昭，
我獨昏昏……衆人皆有以……我獨異於人。」六十六章：「江海所
以能爲百谷王者，以其善下之，……欲上民，必以言下之；欲先
民，必以身後之。」四十二章：「彊梁者不得其死。」二十八章：
「知其雄，守其雌。」七十九章：「天道無親，常與善人。」

⑲《左傳》莊公三十二年。

⑳《左傳》僖公十六年。

㉑《國語・鄭語》。

㉒《左傳》昭公三十二年。蔡墨，又稱史墨。

㉓《尚書・舜典》。

㉔《左傳》襄公四年。

㉕參見拙作《莊子與自然生態》，中國學術年刊十二期，1991 年 4
月，及〈虞人與莊子〉師大國文學報二十期，1991 年 6 月。

㉖台灣師大國文學報十七期，1988 年 6 月。

㉗《論語‧憲問》。

㉘《論語‧微子》。

㉙郭沫若《十批判書》。

㉚孔子問禮於老聃。又見《禮記‧曾子問》、《呂氏春秋‧當染》、《史
記‧仲尼弟子傳》。

㉛錢穆《莊老通辨》。

㉜有關考證老子其人其書的綜合性資料有張心澂《偽書通考》，鄭良樹
《續考》。劉建國《中國哲學史史料學概要》。近年主張人與書皆春秋
時的專著有任繼愈《老子新譯》（修訂本）、詹劍峯《老子其人其書
及其道論》，陳鼓應《老子註譯及評介》、張揚明《老子考證》、李勉
《老子詮證》等。

㉝《帛書老子》可參見許杭生《帛書老子注釋與研究》。

㉞Mana，摩納係大洋洲土著語，說見黃文山《圖騰制度及其與中國
哲學起源的關係》。

㉟參見拙作《道家起源新探》。

㊱莊子有弟子，名不詳，見〈山木篇〉。

㊲舊時皆認為內篇皆莊周自作，從林希逸、焦竑、林雲銘、梁啓超皆
然。現代開始疑內篇非莊周自作者有：葉國慶疑〈人間世〉，傅斯年
疑〈齊物論〉。近人任繼愈乃全面認為內篇七篇是後期莊學，皆非莊
周思想（見《莊子探源》），主要理由除《史記》所引篇目不在內篇之
外，還有〈荀子解蔽〉評莊子「蔽于天而不知人」應指《天道》天地天
運三篇，而皆不在內篇。等等理由。但學者大多反對，認為天道三
篇包括儒道法思想，不全是莊子的天。他們仍主張內篇是莊周的思

想，如張恆壽的《莊子新探》。

㊳漢司馬談〈論六家之要指〉所說的「道家使人精神專一，動合無形，
贍足萬物。眞爲術也，因陰陽之大順，采儒墨之善，撮名汪之
要。」

㊴《管子‧心術》等四篇，單獨被引出來，有郭沫若〈宋鈃尹文遺著
考〉〉一文，他認爲四篇是宋鈃尹文所作，但此說不被學界所公認，
該文收入《靑銅時代》。此外張舜徽有〈管子四篇疏證〉，收入《周秦
道論發微》一書中。

㊵唐蘭〈黃帝四經初探〉，《文物》，1974 年第 10 期。

㊶有關列子其人其書的考證，見拙作《列子讀本‧列子其人、列子其
書》。三民書局。

㊷楊倞《荀子‧正論注》：「宋子，蓋尹文弟子。」但不知何據。

㊸《說苑‧君道》。

㊹俞樾《莊子平議》引唐意林稱。

㊺《呂氏春秋‧執一》。

㊻《史記‧孟荀傳》：「愼到著十二論」，《天下篇》又稱他「齊萬
物」，因此傅斯年以爲〈齊物論〉爲愼到所作。〈誰是齊物論的作
者？〉，中央研究院史語所集刊六本。

㊼《韓非子‧定法》。

㊽環淵，郭沫若以爲即是關尹，兩字爲一聲之轉，是《老子》的作者。
說見「老聃、關尹、環淵」，收入《靑銅時代》。唯此說不被承認。

㊾日本漢學者久保天隨主楊朱即莊周，蔡元培《中國倫理學史》加以介
紹。今台灣學者陳冠學仍主此說，見《莊子新傳》。

㊿認爲〈楊朱篇〉全係僞作的有梁啓超、章炳麟等。

51吳澤〈楊朱思想的演化與學派問題〉。學術月刊。

52《史記》、《漢書》的〈高祖紀〉。

(53)見拙作〈道家起源新探〉。

(54)《漢書・食貨志》。

(55)《史記・曹相國世家》。

(56)《漢書・五行志》。

(57)《論衡》的〈寒溫〉、〈譴告篇〉，與〈變動〉及〈招致〉共四篇爲一組。

(58)《中國之科學與文明》第三册，64 頁，商務印書館。

(59)《莊子・德充符》。

(60)《後漢書・張衡傳》。

(61)本論文原稿寫於 1986 年，爲應台灣中華書局《大英百科全書》所寫之「道家」條，因該局改變體例，未刊。1991 年 5 月，重新修改訂正。

（1991 年 6 月　台灣師大學報 36 期）

太一與水之思想探究

《太一生水》楚簡之初探

前　言

　　1993 年冬，在中國湖北省荊門市郭店一號楚墓，出土的竹簡中，有《老子》與《太一生水》二種道家的文字，《老子》文句絕大多數與今本相近，值得注意的是《太一生水》篇，前段陳述了「太一生水，水反輔太一，是以成天，天反輔太一，是以成地。……是以成神明。……是以成陰陽。……是以成四時。……是以成滄熱。……是以成溼燥。……四時者，陰陽之所生；陰陽者，神明之所生也；神明者，天地之所生也；天地者，太一之所生也。故太一藏於水。」以及後面猶有一段「下，土地，而謂之地；上，氣也，而謂之天。……以道從事者必託其名，故事成身長；聖人之從事也，亦託其名，故功成而身不傷。……〔天不足〕於西北，其下高以強；地不足於東南，其上〔（脫三字）〕。」①

　　依《郭店楚墓竹簡·前言》稱：「發掘者推斷該墓年代爲戰國中期偏晚。郭店楚簡的年代下限應略早於墓葬年代」，如果屬實，那麼這篇《太一生水》的著作年代，幾乎與莊周、孟軻同時，而早於除《老子》以外的絕大多數先秦、西漢的諸子著作。前段不言「道」，而首標「太一」，而以「太一生水」爲宇宙時空發展的總源頭，明確的彰顯「水」以配「太一」，而演化成「天地」

「神明」「陰陽」「四時」「滄熱」「溼燥」等等的自然界結構，這不僅未見於《老》《莊》，連秦漢諸子似亦無這樣的發展。然而這一系列的各個概念，卻分別散見於諸書，《老子》貴「水」，幾乎就「道」的化身，而古今諸本的《老子》就未出見「太一」的複詞，可是《莊子・天下》稱關尹、老聃：「主之以太一」。這樣的思想史的懸案，當然我不敢期待「太一生水」幾句話的出現，就可以解決有關「太一」與「水」的問題，但這篇文字的出土，確實有助於對長期被忽略的思想史中「太一」意義之理解。本論文便是依據「太一生水」第一手證據，重新觀察「太一」與「水」在思想史中演變之跡。

一、「太一」一詞的形成及其性格

「太一」這個合義複詞，應該是「大」與「一」兩字的聯合詞組。

「大」小之大，甲金文皆作人直立之形。「太」是後起字，大、太、泰皆同源字。「大」，引申有「太」意（大到極點），金文的「太師」「太祝」……作「大師」「大祝」②，太與大相通，乃又借用同音的「泰」字③，如春秋初年已普遍有泰山之名④，表示「大山」、「最高大的山」之意。太一，又作泰一。

「大」與「一」都是最基本生活的符號，任何古書都有此二字，但這兩字之所以能合併組成，是沿著道家所賦予「大」與「一」的特殊意涵而來。

大，在《老子》書中已不是大小之大而已，而是已賦給了哲學上的概念。

「有物混成，先天地生，寂兮寥兮，獨立不改……可以為天下母，吾不知其名，字之曰道，強為之名曰大。大曰逝，逝曰遠，遠曰反。故道大、天大、地大，王亦大。域中有四大，而王居其一焉。人法地，地法天，天法道，道法自然。」（25章）

「大道氾兮，其可左右。……可名為大，以其終不自為大，故能成其大。」（34章）

道大，可名為大，大，名詞化，亦即道的異名。至於「一」，在《老子》書中，有「開始」「根源」「全部」的意思：

「道生一，一生二，二生三，三生萬物，萬物負陰抱陽。」（42章）

「視之不見，名曰夷，聽之不聞，名曰希，搏之不得，名曰微，此三者，不可致詰，故混而為一。」（14章）

「聖人抱一為天下式。」（22章）

那麼「一」與「大」一樣，又是「道」的代名。「昔之得一者，天得一以清，地得一以寧，神得一以靈，谷得一以盈，萬物得一以生，侯王得一以為天下貞。」（39章）。郭店竹簡《老子》的出土，已一掃錢穆先生「莊老」派之說，可確認《老子》應該早於莊周，且可能上及春秋晚期。「太一」一詞的形成，雖不見於《老子》，但很難說春秋時代沒有，只是文獻不足徵而已。主要是

它亦做爲主宰天地萬物的天神與星官,這方面,後面會談到。

就現存文字史料看,「太一」也已是戰國下半葉時通行的詞彙。《莊子‧天下》的兩處資料:具有黃老背景的作者,歸納關尹、老聃思想爲:「澹然獨與神明居……建之以常無有,主之以太一,以濡弱謙下爲表,以空虛不毀萬物爲實。」⑤這基本符合《老子》思想,〈天下篇〉作者是在「太一」通行的時代,稱老子主「太」「一」並沒有什麼錯誤的。不過,「太一」是指「大」與「一」,指如上文所論述的「道」。另一處是稱「惠施多方。……厤物之意曰:『至大無外,謂大一;至小無內,謂之小一。』」⑥大與小雖相對稱,其實「至大無外」,正是「太」,「大一」亦通「太一」。

從戰國到秦漢間,「太一」逐漸有多元化的性格,它既是「道」的分身,那麼理所當然是天地萬物的創造者,是國家典章、音樂、禮教的大本源,以及自然與社會秩序的維護者,即《禮記‧禮運》所謂「禮必於太一」,又《呂氏春秋‧大樂》說天地、萬物生於太一,音樂的源頭亦由太一而來:

> 「音樂之所由來者遠矣,生於度量,本於太一。太一出兩儀,兩儀出陰陽,陰陽變化,一上一下,合局成章。……四時代興,或暑或寒,……萬物所出,造於太一,化於陰陽。⑦」

此外,太一又與《易》結合。《易‧繫辭》上:「是故易有太極,是生兩儀。」正義:「太極謂天地未分之前,元氣混而爲一,即是太初,太一也。」⑧則太一,取代了太極之名。《呂氏春秋‧大樂》又說:「道也者,至精也,不可爲形,不可爲名,

彊爲之謂之太一。」⑨《老子》稱「不知其名」而「强爲之名」的
曰「大」，那麼「大」即「太一」，同時這裡又加上了精（氣）
的性格。《淮南子·本經訓》：「帝者體太一，王者法陰陽，……
太一者，牢籠天地，彈壓山川……」則太一有帝王牢籠天地的霸
氣。《史記·禮書》：

> 「凡禮始乎脫，成乎文，終乎稅。故至備，情文俱盡；
> 其次，情文代勝；其下，復情以歸太一。天地以合，日月以
> 明，四時以序，星辰以行，江河以流，萬物以昌。」

索隱：「情文俱失，歸心渾沌天地之初，復禮之本，是歸太
一也。」⑩太一成爲禮之本，歸心渾沌的指標。若用之於宗教的
祭典，則太一從抽象的理論一變爲具象的實踐，漢有郊祀的「太
一之禮」⑪，又有〈太一之歌〉⑫。

二、「太一」、「道」與水的古思想史

郭店《太一生水》有十四竹簡，係依工作者而分篇分段的。全
篇分三段確是筆跡字形相同，編線之痕在同一位置，應是一人所
抄寫。第一段是「太一生水」，除結尾斷簡外，大抵完整。第二
段「天道貴弱」只十來字。第三段雖由天、地談起，卻是另一系
統，三段大抵爲道家之說，但是各自獨立，互不相屬，最後一段
較駁雜不純。首段「太一生水」是精華的所在，從道家思想史來
看，是極其前衞的。道家有尚水思想，強調的是「水」是「道」
觀念，而不是以太一爲主體，用太一來「生水」。現在先把《太
一生水》篇的架構陳列出來，再與有關道家的論述相比較。

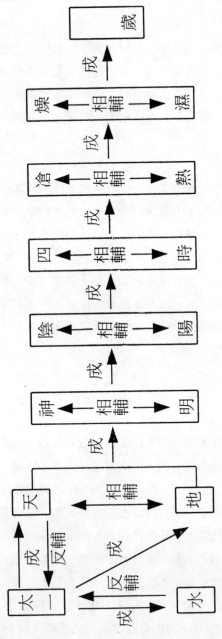

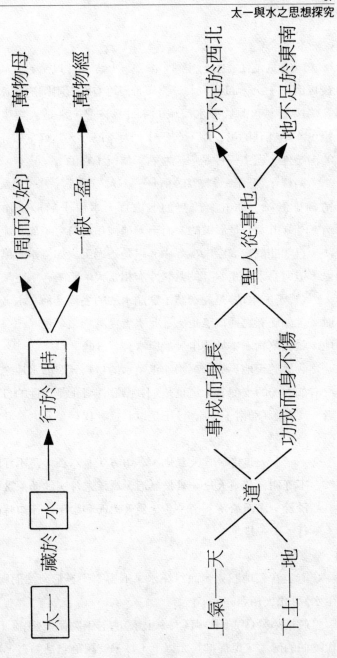

86頁是從「太一」到「滄熱」「溼燥」以至於「歲」，然後再倒述一次，回到「太一」。而後再有87頁附圖的陳述：

按道家起源於淮水流域的水鄉澤國⑬，水是人類生命之所賴，亦是老莊的第一性，《老子》「大道氾兮，其可左右」强調水的滲透性，與道一樣是周流左右，無所不在的。

同樣，《莊子・列禦寇》稱「……太一形虛。……至人者，歸精神乎無始，而甘冥乎無何有之鄉，水流乎無形，發泄乎太清。」⑭指太一是形虛的。而至人精神超越時空，如水流沒有形跡，自然閒散在虛空的境界中。這是透過至人如流水無痕以求形虛，這與「太一生水」的具體性有相當大的距離。

《管子・水地》是先秦諸子歌頌水德的名篇。稱「水者，地之血氣，如筋脈之通流者也。」「水者，萬物之準也。……集於天地，藏於萬物、集於諸生，故曰水神。」⑮

「集於天地，藏於萬物」正是水的特質，然而水地之上，並沒有如太一的支配者，這也是〈水地篇〉作者正是理性的自然主義者。漢初，《淮南子・原道》正是以「道」代替了「太一」。

「夫道者，覆天載地，廓四方，柝八極，高不可際，深不可測，包裹天地，稟授無形，原流泉浡，沖而徐盈，混混滑滑，濁而徐清。……其德優天地而和陰陽，節四時而調五行。……⑯」

道包含天地四方，而以流水來形容稟受無形。然而與《太一生水》思想大相逕庭。

最後來論《鶡冠子》與《太一生水》的若干關係，《鶡冠子》為唐代陵佃的傳本，但從柳宗元以下，幾乎就認為它是偽書，基本上

諸說都沒有很具體的證據。現在我引用的是沒有人懷疑的二篇
⑰，〈度萬〉：

> 「鶡冠子曰：『天者神也，地者形也，地淫而火生焉，
> 天燥而水生焉，法猛刑頗，則神淫，神淫則天不生水，音聲
> 倒則形燥，形燥則地不生火，水火不生，則陰陽無以成氣，
> 度量無以成制，五勝無以成執，萬物無以成類。』⑱」

天與地爲神與形，神形不是神明，但有相近的意思（神是
本，明是發），然後由淫、燥而生水、火，雖淫含水、燥含火，
但只是相對的二元，並沒有在上面另有一個水。〈度萬〉又說：

> 「鶡冠子曰：『天地陰陽取稽於身，故布五正、以司五
> 明，……六六三十六，以為歲式。氣由神生，道由神成。』
> ……『敢問五正？』」

> 鶡冠子曰：「有神化、有官治、有教治、有因治、有事
> 治。」……「願聞其事？」……「神化者，定天地、豫四
> 時、撥陰陽、移寒暑……名尸氣皇，……」

這一段文字，用下圖圖表補充，何謂「五正」「五明
（名）」：

五正	神化	官化	教治	因治	事治
聖人之事	天地、四時、陰陽、寒暑	陰陽	四時	賢聖	仁聖
五明	氣皇	神明	賢聖	后王	公伯

神化，包括了天地、四時、陰陽、寒暑（滄熱），與《太一生水》的理論架構大同小異，差別的是《鶡冠子》有較複雜的人間倫理層面。再看另一篇〈泰鴻〉：

> 「泰一者，執大同之制，調泰鴻之氣，正神明之位者也。……故天地陰陽之受命取象於神明之效。……天者，氣之所總出也；地者，理之必然也。故聖人出之於天，收之於地。在天地若陰陽者杜燥溼，以法義與時遷焉。二者聖人存則治，亡則亂者，天失其文，地失其理也。……是故道南面執政，以衛神明，左右前後，靜待中央。……四時各以類相從，昧玄生色……中央者，太一之位，百神仰制焉，故調以宮，道以為先。……以木華物，天下盡木，使居東方主春，……以火照物……使南主夏……以金割物……使居西方主秋，……以水沈物，使北方主冬。」⑲

以上《鶡冠子》的二篇資料，整體來看，與《太一生水》的結構、詞彙與思想有很大的重疊，從至上的「太一」，上天是氣，下地是土（形），而「陰陽」也都由神明而來，特別是有「地溼」「天燥」的共同語。而最大的歧異是這二篇沒有「泰一」生「水」，而有複雜的五行思想。《鶡冠子》漢志著錄，其人傳說是

楚國的隱者，柳宗元、王應麟等以為是抄錄賈誼〈鵬鳥賦〉《國策》而來。迄今在思想史上缺乏其地位，但我們在這樣找到了足以反映道家黃老和楚文化的重要部分，大概是秦漢間的作品，可惜沒有「太一」可以生「水」的文獻。顯然這兩種著作雖有近似的時空背景，但思想的傳承路線卻是撲朔迷離。「太一生水」一定晚於「太一」與「水」二個獨立的概念形成之後，《鶡冠子》比它複雜，或是戰國晚期作品。

三、太一星神與水德

太一，顧名思義是最大至高，獨一無二，適足以代表「道」的崇高尊貴性。可是若只是在文獻的流傳，「太一」的印象將逐漸虛幻。大概在遠古時代，人們就將距天極最近最高的一顆星，稱為太一，這就是孔子所說的「眾星拱之」的北辰，上文《鶡冠子》稱「中央者，太一之位」陸佃解：「北極天地之中，而其一明者太一之座」已經指這一顆星，「太一」之詞的普遍性，兼有天地的創造者與天頂的一顆被環繞的亮星是很自然的。當時的極星，就稱為「帝星」。旁邊繞著天庭皇室為名的眾星。《史記・封禪書》：

> 「亳人謬忌祠太一方，曰：『天神貴者太一，太一佐曰五帝。古者天子以春秋祭太一東南郊，用太牢，七日，為壇開八通之鬼道。』」

於是天子令太祝立其祠長安東南郊，常奉如忌方。其後人有上書言「古者天子三年壹用太牢祠神三一：天一、地一、太一。」⑳

　　漢武帝將民間的三一神，引到宮中，成爲國家王朝的大祭典，其中以太一神最爲尊貴，因太一生天生地，當然比天一、地一高貴。太一星，同時爲太一神、這個星星。《史記‧索隱》注引石氏云：「天一，太一各一星。」[21]石申爲戰國時魏國天文家，他的《石氏星經》已記錄太乙星之名。做爲極星，在北緯四十度中國（中原）一帶所見的夜空，是非常明朗的，或更早到春秋以前即稱爲「太乙」。[22]那麼可能就比經傳記錄來得早。

　　太一的帝星，《史記‧天官書》稱：「中官，天極星，其一明者，太一常居。」太一常居，即帝星，正義：「泰一，天帝之別名也。劉伯莊云：『泰一，天神之最尊貴者也。』」[23]即小熊座，（ β UMi），是很亮的2.08等星，並非今日所見的北極星，由於歲差的關係，地球南北軸線所對的天極位置，約以26000年的周期，環繞黃極運動，在運行的路線上，不同時期有各自不同的最接近極點之北極星。如下圖圖表所表示在歷史時期範圍最近極點的北極星：

時間	漢名（西名）	星等
公元前2800 BCR 1000BC	右樞（天龍座 α ）	3.65mg
公元前1000 BCR 200BC	帝（太乙）（小熊 β ）	2.08
公元前200　BCR 800AD	天樞（C7C17443）	5.28
公元前800　ADR 2000AD	勾陳一（小熊 α ）	2.02（24）

　　由此可見先秦時代北極星是太一的帝星，兩漢雖然天樞已較接近天極，但光度太暗，太一還是閃耀在天極，（一星等亮度差2.5倍），成爲漢武帝膜拜的圖騰。

　　向漢武帝推荐太一神的謬忌是亳人，亳又作薄，在今山東，

古淮河北向支流濟水流域上爲宋國故地。此處係中原（中國）的東南，與太一神信仰有關，所以《史記》稱「古者，天子以春秋祭太一東南郊」，而漢武帝亦立太一祠於長安東南郊。

秦併吞天下，令祠官按季節祭拜天下名山五、大川二，名山有太室、恆山、泰山、會稽、湘山。分布於天下，而水則爲濟水與淮水㉕則在東南。這看似客觀地理因素來決定的，因東南低、西北高。然而濟水、淮水，正是宋、楚故地，春秋、戰國時道家的搖籃，老子，苦縣人；莊子，蒙人，皆淮水流域楚宋故地。《管子‧水地》「楚之水，淖弱而清，故其民輕果而敢。……宋之水，輕勁而清，故其民簡易而好正。是以聖人之化世也，其解在水。」㉖郭沫若稱：「文末分析齊、越、秦、晉、燕、宋等地之水而及於民性。對齊、越、秦、晉、燕等地之水均有微辭。……讚楚及宋人，最爲可異。」他以爲〈水地〉乃「西楚霸王都彭城時作品。」㉗我們不能仔細到確定〈水地〉乃項羽所作，但太一起於濟、淮水與先秦宋、楚的道家故地攸關，而「太一生水」的產生，正也是在這特殊的空間所醞釀的。

《管子‧幼官》是齊國陰陽家的重要文獻，〈幼官篇〉及〈幼官圖〉現代學者幾公認「幼官」形誤，應作〈玄宮〉㉘。玄是大黑色，五行家以北方之色，北方之物，多以「玄」字稱之，玄武、玄冥爲北方之神，玄枵，北方之星次；而北方之明堂，稱爲「玄宮」。《管子‧玄宮》是以北方位爲標準向南而看，而形成一個以四時來排比其政事、自然和服食的五行世界。這比《鶡冠子》〈泰鴻〉更詳盡，亦即〈玄宮〉似在〈泰鴻〉之後，但又爲《禮‧月令》《呂氏春秋‧應同》所本，而〈太一生水〉文字甚短，雖未見有五行的文字，但將「水」提升與「太一」並列，幾乎成爲戰國末以北方水爲主導方位所張本，當然另一個因素是南方暖和光明，所有大

的宮廷建築，都是坐北朝南，亦同時做為統治者權力的象徵，
《論語・雍也》「雍也，可使南面」，又如《易・說卦》「聖人南
面，而聽天下，向明而治」，但這些資料最早是與陰陽家或黃老
思想無關。

〈玄宮〉正是北方齊國陰陽家坐北朝南的構思，戰國中葉後北
方的齊國，甚至燕國也禮賢鄒衍，並舉兵攻齊，勃然有一統天下
之思，乃是受到這種思想的鼓勵。

現將《管子・玄宮》的部分資料列在以下的圖表：

五和時節	君服黃色	味甘味	聽宮聲	藏溫濡	圖方中
春	君服青色	味酸味	聽角聲	治燥氣	圖東方
夏	君服赤色	味苦味	聽羽聲	治陽氣	圖南方
秋	君服白色	味辛味	聽商聲	治溼氣	圖西方
冬	君服黑色	味咸味	聽徵聲	治陰氣	圖北方

「五和時節」屬於中央土，宜為「太一」，但《管子》並沒有
「太一」。「太一」生「水」，雖非北方齊文化的系統，但〈玄
宮〉以及〈玄宮圖〉（今佚，管子集校取〈玄宮〉補之）所展現的時
空、社會觀，依舊是以中央土（鶡冠子為「太一」）為中心，以
北方水為標桿的。

那麼「太一」何以生「水」？乃是「水」為天下的第一性，
水包圍了天下，成為五德的源頭與歸宿。

戰國時代，陰陽家興起，以五德生剋（主要為剋）正反循環
來詮釋王朝政權之興衰消息。其詮釋主要由北方瀕海的齊國人掌
握。他們設計二種以水為主體的歷史、地理的時、空系統。一是
當今掌握天下的是水德。即黃帝是土德、夏禹木德、殷湯金德、

周文王火德，那麼「代火者，必將水」㉙，後來秦代周，便是水德自居，然而不旋踵間秦亡於漢，漢依然爭取水德。二是大九州的設計，以大澤包圍大九州，九州間又有裨海，大九州完全是個水世界。整個戰國與秦漢間，不斷的追逐「水」的價值觀，然而「太一生水」與這時空並不完全吻合。竹簡出土於漢水流域的荊門雖是戰國楚地，但非產生「太一」與「水」的原鄉，簡文的斷代，不會早到與莊周同時的戰國中葉。

結　語

楚簡「太一生水」短短十四簡約三百字，對戰國秦漢時代的學術思想史的研究，帶來了新的衝擊，尤其僅就「太一生水」四字的新命題。然而在現有「太一」「水」及道家文獻上，很難找到它可以承接的位置。

本論文僅就在已知的文獻上，重新整理太一及水的思想發展，以窺視「太一生水」背後的深層意義，我們歸納九項結論：

㈠「太」（大）與「一」爲道家「道」的代名。

㈡「太一」是戰國通行詞彙，至秦漢間發展爲多元化的性格，是天地萬物的創造者，亦是國家典章、制度的本源。

㈢道家出於淮水之鄉，水爲道家的第一性。

㈣《鶡冠子》與《太一生水》漢簡有相近思想，但沒有「太一」可以生「水」。

㈤太一是「帝星」的崇拜與東南道家故地有地緣關係。

㈥「太一生水」非北方齊文化，但與「中央土」（或「太一」）及「水」有類似的思想。

㈦齊陰陽家《管子·玄宮》以水爲主導方位與南面思想結合，

而構五德生剋的系統。

　　㈧〈太一生水〉思想在思想史上缺乏直接承先啓後的脈絡，若爲戰國中葉作品，似嫌太早，或宜在戰國晚期。

　　㈨十四簡文字甚短，是否尚有其他黃老陰陽說之竹簡，在其前後而未被收錄、埋葬，並未可知。〈漢志〉著錄以「太（泰）、一（壹）」爲名之書甚多，而《漢書・藝文志・五行》的〈泰一陰陽二十三卷〉〈泰一二十九卷〉二書可能與〈太一生水〉或者有密切關係。

　　在漫漫的千年歲月的浪潮中，不知淹沒了多少的歷史文物，我們已經不能只信傳世典籍，應該以更恢弘的器識，更開闊的視野，來面對新世紀的學術課題。

註　釋

　①《郭店楚墓竹簡》，北京文物出版社，1998 年。

　②如〈大祝禽鼎〉、〈師望鼎〉：「大師小子師望」。

　③《說文》：「㳠，滑也。從水，大聲。」段玉裁注：「後世凡言大而以爲形容未盡則作太，如大宰，俗作太宰，大子俗作太子、周大王俗作太王是也。」《說文解字》，經韻樓刊本 570 頁，臺北，藝文印書館。

　④《左傳》隱公八年。

　⑤王孝魚點校，《莊子集釋》，1093 頁。

　⑥同上，1103 頁。

　⑦陳奇猷《呂氏春秋校釋》，255 頁。

　⑧《周易》十三經注疏本，156 頁，臺北，藝文印書館。

　⑨見註⑦，256 頁。

⑩瀧川資言《史記會注考證》卷二十三，22頁。

⑪同上，卷二十八，75頁。

⑫同上，卷二十四，7頁。

⑬莊萬壽〈道家起源究探〉，臺北，師大國文學報17期，1988年。

⑭同註⑤，1047頁。

⑮趙守正《管子注釋》，2～8頁。

⑯劉文典《淮南鴻烈集解》，卷一，1～2頁。

⑰張心澂《偽書通考》，臺北，鼎文書局，860頁。

⑱《鶡冠子》，39～40頁，國學基本叢書，臺北：臺灣商務印書館。

⑲同上，70～81頁。

⑳同註⑩，卷二十八，48～49頁。

㉑同上。又《韓非子・飾邪》「此非豐隆、五行、太一……」皆亦是星名。

㉒《石氏星經》可能是傳承《巫咸星經》（傳說商代）而來。見註⑬。

㉓同註⑩，卷二十七，3-4頁。

㉔大崎正次《中國の星座の歷史》，214～215頁，1973年，日本雄山閣。

㉕同註⑩，卷二十八，28頁。

㉖同註⑮，30頁。

㉗郭沫若，《管子集校》，678頁。

㉘同註㉗。

㉙陳奇猷《呂氏春秋・應同》，校釋本，677頁。

（1999年5月　本世紀出土思想文獻與中國古典哲學研究論文集）

大學、中庸與儒家、黃老關係之初探

前　言

　　一種學術思想的所來與所去是沒有純種的，一定會因當時社會結構的特質而與各種思想相互融合交流。《禮記》中〈大學〉與〈中庸〉兩篇，南宋朱熹把它單獨抽出與《論語》、《孟子》並列爲孔子、孟子、曾子、子思子等四子之書，從此宋明理學家便多把〈學〉、〈庸〉視爲孔氏之遺書和傳授之心法，成爲數百年科舉時代統御知識份子的金科玉律。

　　朱熹《大學章句・序》說：

　　　　「大學之書，古之大學所以教人之法也。……三代之隆……自天子之元子……皆入大學。……及周之衰，……若孔子之聖，而不得君師之位，以行其政教，於是獨取先王之法，誦而傳之以詔後世。……而曾氏之傳，獨得其宗，於是作爲傳義，以發其意。及孟子沒而其傳泯焉。……程氏兩夫子出，而有以接乎孟氏之傳，實始尊信此篇而表章之。」

　　他又在《中庸章句・序》說：

「〈中庸〉何為而作也？子思子憂道學之失傳而作也。
……道統之傳……『允執厥中』者，堯之所以授舜也。……聖
聖相承……夫子則雖不得其位，而所以繼往聖開來學，其功
反有賢於堯舜……顏氏、曾氏之傳其宗，及曾氏之再傳，而
復得夫子之孫子思，則去聖遠而異端起矣。子思懼夫愈久而
愈失其真也，於是推本堯舜以來相傳之意，質以平日所聞父
師之言，更互演繹，作為此書，以詔後之學者。」

朱熹把〈學〉、〈庸〉納入堯、舜、孔子的「道統」主流之中，
把曾子如何作〈大學〉、子思如何作〈中庸〉說得好像真有這麼一回
事！事實除了司馬遷說過：「子思作〈中庸〉」①一證之外，所有
以上的「道統」承傳的說法，皆無學術上的可靠證據。此非本文
主題，不擬加以辨正。而近百年來的中外學者即使認為這兩篇文
章存有曾參、孔伋的思想，亦幾乎少有人相信如朱熹所說的是兩
人的原作。尤其是〈大學〉與曾子的關係殊少。朱熹說什麼：「經
一章，孔子之言，而曾子述之；其傳十章，曾子之意，而門人記
之。」的話，戴震十歲時就不相信了②，而唯一的線索是文中有
「曾子曰：十目所視，十手所指，其嚴乎」，果若此句是曾子所
言，那麼此句之外的文句，非曾子所言甚明。曾子究竟有什麼思
想並不明確，司馬遷說他「能通孝道」，孔子「授之業，作《孝
經》。」③，而今本《孝經》是學者公認為漢代為偽書④。至於《論
語》中他引申孔子「吾道一以貫之」的話，說「夫子之道，忠恕
而已矣。」⑤在〈大學〉中雖有忠恕的思想，但卻叫做「挈矩之
道」不叫忠恕，忠恕一詞倒出現在〈中庸〉；而且見於《論語》中傳
「己所不欲，勿施於人」的忠恕之道的，還有子貢⑥、仲弓⑦。
在《韓非子‧顯學篇》稱孔子之死，儒分為八，有子思氏之儒、顏

氏之儒……並無曾氏之儒，曾子似未成派，他與〈大學〉，找不到有什麼直接的關連。朱子是爲湊成四個聖人，而毫無根據的掛上曾子之名。

對〈大學〉〈中庸〉的辨僞工作，晚近愈來愈詳細，多認爲是晚於孟子，甚至遲至西漢董仲舒的時代⑧。

本文主要是從哲學史的角度來探討〈學〉〈庸〉內涵的成分，而不遽以斷代，何況古書常是片語單簡流傳，一篇文章的各章資料常是來自多元的，不能光靠幾個孤證就對全篇作統一的結論。

從全文內容看，〈學〉〈庸〉的資料是複雜的，絕非是孔子或孔孟這一系的純種。不過這兩篇的思想架構卻相近，即〈大學〉的思想與〈中庸〉的前半⑨，都強調愼獨，以及個人到天下的修己治人的理念：〈大學〉由格物、致知，到修、齊、治平，而〈中庸〉的「凡爲天下國家有九經」一樣的由修身、尊賢，逐次擴大到「懷諸侯，則天下畏之」。因此，兩篇的原作者思想的理念似乎同一個儒家系統，包括孔子、孟子以及荀子爲主的晚期儒學思想。此外，還有若干觀念和詞彙兼有黃老思想。壹、敍述以儒家爲主的思想淵源，貳、則論析與黃老的關係。

壹、〈大學〉、〈中庸〉與儒家及秦、漢思想

本篇偏重於對非孔孟一系思想關係之論析，故僅略述孔孟之要點而已。

一、孔子的恕道

〈大學〉、〈中庸〉兩篇和《禮記》其他篇一樣，所有「子曰」

「孔子曰」「仲尼曰」的，可信爲孔子自己說的程度不高⑩，這常是門人、後學託古的「重言」⑪，不過兩篇都是繼承孔子的忠恕思想，來做爲統治者治人先修己的工夫。這是儒學倫理的主軸，不是曾子等少數人才懂得宣揚的。此外，〈中庸〉的用中思想，亦是直承孔子之說。

二、思孟學派的性論

〈中庸〉談「天命之謂性」「自誠明謂之性」「誠者，天之道也；誠之者，人之道」「誠者不勉而中，不思而得，從容中道，聖人也。」「天下至誠，爲能盡其性……」，〈中庸〉的性，起於天，而天道的至誠，可不待勉思而即能展現本性。而孟子則由四端的善心而推原本性雖略有不同。然由知性，以展現天道的道德信念是一致的。

孟子曰：

> 「盡其心者，知其性也。知其性，則知天矣。」

〈盡心〉篇上又說：

> 「人之所不學而能者，其良能也，所不慮而知者，其良知也。」

〈離婁〉篇上：

> 「故誠者，天之道也；思誠者，人之道也。」⑫

孟子學於子思之門人，《荀子·非十二子篇》以子思孟軻並列為一派。《史記》稱子思作〈中庸〉，雖不足信，但〈中庸〉的傳承與思孟學派的確有密切的直接關係。

三、荀子的變化論與後王論

成書於漢初的〈禮記〉，吸取了不少《荀子》的思想與資料⑬，而〈學〉、〈庸〉兩篇⑭也包含了《荀子》的思想與詞彙。如「變化」「慎獨」「天德」「不怒而威」諸詞即出於《荀子·不苟篇》：

> 「君子養心，莫善於誠；……誠心守介則形，形則神，神則能化矣。誠心行義則理，理則明，明則能變，變化代興，謂之天德。……君子至德，嘿然而喻，未施而親，不怒而威，夫此順命，以慎其獨也。」

〈中庸〉不是也說：

> 「誠則形，形則著；著則明，明則動；動則變，變則化，唯天下至誠為能化。……君子不動而敬，不言而信，……不賞而民勸，不怒而民威。」

〈中庸〉的最後部分（朱注本三十三章）即是「嘿然而喻」的意思。此外，〈中庸〉後半特別隆禮，如「禮儀三百，威儀三千」「敦厚以崇禮」「非天子不議禮……不敢作禮樂焉……」等，都屬於荀學。

而「生乎今之世，反（返）古之道，如此者，栽及其身者

也」一章，是主今而非古的，編者把《論語・八佾篇》二段孔子的
話加以融合改寫，而成了突顯「今用之，吾從周」的用「今」的
觀點⑮，與孔子「信而好古」孟子「法先王」的方向不同，這即
是《荀子・非相篇》所說的：

> 「欲觀聖王之迹……后王是也。……欲知上世，則審周
> 道。」

還有〈中庸〉一些教育與學習的理論，如「博學之、審問之、
慎思之、明辨之、篤行之」等也出於荀子⑯。

最後值得一提的是荀況的思想吸吮了相當多的黃老及百家思
想，荀子出身於法家聖地的三晉，長期在齊國稷下講學，稷下是
黃老思想的中心，晚年又老死於盛行道家的楚國。他的天論是繼
承道家思想而來，他的認識論則受到道家、名家的影響，而他的
禮論實在是仁義的法制化。他是以儒而兼有道、墨、法、刑名
的，《史記》本傳說：「推儒、墨、道德行事興壞。」在學術範疇
上實在與黃老同類，只是因量的比重不同，而使本質大異其趣。
所以〈學〉、〈庸〉中的荀學，可能亦間接注入了黃老的元素。如
「慎獨」又見於新出土的〈馬王堆帛書五行篇〉中，而〈五行篇〉便
是黃老學者所流傳的儒家作品。

四、秦、漢的大一統思想

〈學〉、〈庸〉中大一統或華夏大一統的理念及與天等齊的偉大
聖人觀十分強烈，如〈大學〉：「唯仁人放流之迸諸四夷，不與同
中國。」（朱注本傳十章）而八條目的終極即在於「平天下」。

　　而〈中庸〉的大一統空間更為開闊。「凡為天下國家有九經」
最終目的在於「懷諸侯，則天下畏之」（二十章）而全文多在強
調「聖人」之德配天，亦即全在講統治者，而幾乎不講人民。而
「至聖」的「聲名洋溢乎中國，施及蠻貊，舟車所至，人力所
通，天之所覆，地之所載，日月所照，霜露所隊，凡有血氣者，
莫不尊親，故曰配天。」（三十一章）尤其又說「非天子不議
禮，不議禮，不制度，不考文。今天下車同軌，書同文，行同
倫。」（二十八章）這不是大一統的中央集權的現象嗎？陳槃先
生以為「車同軌」上世有之，春秋之世，何「不同文」之有，理
由只因古書有之而已⑰，按關於同軌、同文的資料，古書有二：
一是《左傳》隱公元年：

　　　　「天子（周平王）七月而葬，同軌畢至。」

　　其次是《管子·君臣》上：

　　　　「天子出令於天下，……衡石一稱，斗斛一量，丈尺一
　　　綧制，戈兵一度，書同名，車同軌，此至正也。……此先王
　　　之所以一民心也。」

　　周人代商而起，以武裝殖民的方式，分封血親、功臣到各
地，建立許多諸侯國，各國的統治者多為周室之王族，車制的轍
寬本來相同，平王東遷，受諸侯擁立，死後出葬，諸侯並至。
《左傳》的同軌，比喻諸侯，是名詞，不涉及統一車制的問題。
《管子》一書並不是春秋時管仲所寫，〈君臣篇〉是戰國末年的作品
⑱。從春秋初到戰國有三、四百年，王室力量不斷衰微，一直受

制於諸侯，而諸侯羣雄並起，對抗激烈，彼此的制度包括車制是各自獨立發展的。戰國中葉後思想家、政治家逐漸期待能出現一個屬於自己模式的一統天下。他們利用託古以改制，像《管子‧君臣》的「先王……」如何如何，古書不知有多少，章句中很清楚說明是一種期待，與〈中庸〉的「今天下……」文意完全不同，「今」是時間詞，表示「現在已經做到了」。而「車同軌」除了指車轍，即比喻車子的寬度能相同外，主要還指馬路要同樣夠寬，才可以避免車軸相衝，不然，路狹，車軸容易相擦，發生危險。⑲戰國時，各國車子與道路的寬度不一，而且因軍事上需要，設重重路障⑳，一個大一統的天下，必須掃除路障，拓寬馬路。這樣的局面，不是秦始皇統一天下後的事嗎？《漢書‧賈山傳》：

> 「秦為馳道於天下，東窮燕齊，南極吳楚，江湖之上，濱海之觀畢至。道廣五十步，三丈而樹。」

至於春秋戰國各國文字的歧異，比車制更大，近三、四十年出土各國金文太多了。筆畫多不同㉑，怎麼可以含混的說「春秋之世，何『不同文』之有」？秦始皇以秦小篆來統一字體，是漢字史上的第一大事㉒與大開馳道，以及受荀子影響的李斯所主張「師今」，正是〈中庸〉「今天下，車同軌，書同文，行同倫」的時代背景。且看《史記‧秦始皇本紀》：

> 「秦初併天下，……（李）斯等皆曰：『昔者五帝地方千里，其外侯服夷服諸侯或朝或否，天子不能制。今陛下……法令由一統，……議曰：『……上尊號，王為泰皇，命

為制，令為詔，天子自稱朕。』王曰：『……，采上古帝號，號曰皇帝。……』……始皇推終始五德之傳，……方今水德之始，改年始，朝賀皆自十月朔。衣服旄旌節旗皆上黑。……分天下以為三十六郡，郡置守、尉、監。……一法度衡石丈尺。車同軌，書同文字。地東至海暨朝鮮，西至臨洮、羌中，南至北嚮戶，北據河為塞，並陰山至遼東。……」

同時，始皇巡視天下，在所經之處刻石立碑，除歌功頌德外，亦有以標準字示範的作用，《史記·始皇紀》所引的琅邪臺刻石辭：

「維二十八年，皇帝作始，……聖智仁義，顯白道理，……普天之下，搏心揖志，器械一量，同書文字，日月所照，舟輿所載，皆終其命，莫不得意。……皇帝之德，存定四極。……六親相保，終無寇賊。驩欣奉教，盡知法式。六合之內，皇帝之土。西涉流沙，南盡北戶。東有東海，北過大夏。人迹所至，無不臣者，功蓋五帝，澤及牛馬，莫不受德，各安其宇。」

秦始皇帝三十四年決定「師今而不學古」政治思想的路線。《史記》說：

「周青臣進頌曰：『陛下神靈明聖，平定海內，放逐蠻夷，日月所照，莫不賓服。……』李斯曰：『……今天下已定，法令出一，……今諸生不師今而學古，以非當世，惑亂黔首。……」

　　以上《史記》文字文意與〈中庸〉第二十八、三十一章頗多相近之處。定皇帝尊號、正朔、服色等是「議禮」，定度量衡是「制度」。而「考文」則指考定秦小篆而廢六國籀文㉓。

　　又三十一章言至聖有五德，即朱熹所謂聖、仁、義、禮、智，而《史記》也稱：聖智仁義，而「普天之下，日月所照」正與〈中庸〉「天之所覆，……日月所照」相近。「驩（歡）欣奉教，盡知法式」就是民莫不信莫不悅。朝鮮就是貊，北嚮戶㉔就是蠻，而「澤及牛馬」，就是「凡有血氣者」，無不受天之德。值得注意的是〈琅邪臺刻石辭〉與〈中庸〉義意可通，文字又有相同之處。刻石之辭相傳爲李斯所作，法家思想溢於儒家之上，則第二十八、三十一章可信爲儒家荀派門人於秦一統天下後或秦漢間所作。

五、秦漢的讖緯神學

　　〈中庸〉以誠來做爲天人感應的媒介，強調至誠可以感悟國家興亡的事先之兆，這種誠含有神祕而先驗的宗教功能，一如董仲舒的「天地神明之心。」㉕而以禎祥、妖孽來體現興亡，是與秦漢讖緯神學有關，而非直紹孔孟。

　　《呂氏春秋·應同》：

　　　　「凡帝王者之將興也，天必先見（現）祥乎下民。」

　　《春秋繁露·同類相動》：

　　　　「帝王之將興也，其美祥亦先見（現）；其將亡也，妖孽

亦先見，物故以類相召也。……物以類應之而動者也，故聰
明聖神，內視反聽，言為明聖內視反聽，故獨明聖者知其本
心皆在耳此。㉖」

　　董仲舒雖然另有透過「陽益陽，陰益陽」陰陽可以「類相益
損。」㉗來解釋自然界相動之理。但最聖明如神的統治者可以由
他特有的反覆內省工夫來感悟天地，就此而言，與〈中庸〉的「自
誠明」及「自明誠」，為同樣的方法論。

貳、大學、中庸與黃老思想

一、黃老思想

　　早在 1955 年錢穆先生著〈中庸新義〉一文，自稱：「匯通
老、莊、孔、孟。」後又著〈中庸新義申釋〉一文稱「〈中庸〉本
書，據鄙見窺測，本是匯通《莊子》以立說。」以及其他有關老莊
的論文㉘表示〈中庸〉，由《莊子》而來，他舉出「中」「庸」出於
〈齊物論〉：「樞始得其環中」及「為是不用而寓諸庸」，以及
「育」、「明」、「止」……等詞皆出自《莊子》。因此徐復觀先
生先後著〈中庸〉的地位問題，〈有關思想史的若干問題〉㉙，逐一
加以反駁。主要原因正如徐氏所說：他是要達成莊子先於老子而
成為道家始祖及〈易傳〉、〈大學〉、〈中庸〉皆出老莊的目的㉚。以
致未免牽強附會，但徐氏也深信「儒道分途，自戰國時起，即從
來沒有淆亂過，若〈中庸〉係繼承《莊子》及更早的《老子》，係屬於
道家系統，而非祖述儒家思想，則此書應當為《莊子》或《老子》的

後學所著。」③徐氏也就是認爲學術沒有混種,只有純種,以致
所論亦有過當,惜又未及見新出土的《黃老》帛書。

當然老莊道家與孔、孟儒家的彼此思想核心,涇渭分明,不
容混淆,但以《老子》爲主的道家,在戰國末年法家化、儒家化,
吸收了法制與儒理的治國觀念,形成類似《莊子》〈天地〉、〈天
道〉、〈天運〉、〈天下〉等「天」字號的道、儒兼法的篇章。而且
也形成一些依違於諸子之間的邊緣人物,如兼道、法的愼到、田
駢,兼道、墨的宋鈃、尹文,這是多元思想在不同條件下發展的
必然結果。

所謂「黃老」一詞,是託名黃帝與老子之學,雖然在西漢初
才見於史傳,但最初在戰國中葉就慢慢在醞釀,主要是隨著《老
子》書及其章句的廣泛流播而形成於戰國末,其思想以精、氣、
靜、虛、無爲而治爲要,並偶有仁義、刑名、寢兵等一些現實社
會理念。茲附表於下頁:

由表所列,可以知道黃老學派十分複雜、龐大,到了漢初,
對政治社會的影響更大,而戰國末到秦漢之交的學術思想、政治
行爲就很難脫離它的羈絆。西漢初司馬談〈論六家要旨〉中的道家
及東漢班固《漢書・藝文志》所稱的道家的前半,都是指黃老思
想。

〈論六家要旨〉:

> 「夫陰陽、儒、墨、名、法、道德,此務爲治者也。
> ……道家使人精神專一,動合無形,贍足萬物,其爲術也,
> 因陰陽之大順,采儒、墨之善,撮名、法之要,與時遷移,
> 應物變化,……指約而易操,事少而功多。」

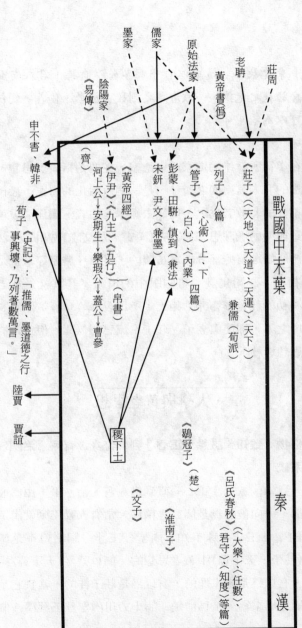

黃老學派簡表

戰國中末葉與秦漢之交時的黃老人物及著作（若干人物篇目難作定論）

墨家　儒家　原始法家　老聃　莊周

陰陽家　《易傳》

戰國中末葉　秦　漢

申不害、韓非

荀子

《史記》……「推儒、墨道德之行，事興壞，乃列著數萬言。」

陸賈

賈誼

（齊）

河上公→安期生→樂瑕公→蓋公→曹參

《伊尹》《九主》《五行》（帛書）

《黃帝四經》

宋鈃、尹文（兼墨）

彭蒙、田駢、慎到（兼法）

《管子》〈心術〉上、下、〈白心〉、〈內業〉四篇

《列子》八篇

《莊子》〈天地〉、〈天道〉、〈天運〉、〈天下〉

兼儒（荀派）

稷下士

《鶡冠子》（楚）

《呂氏春秋》〈大樂〉〈任數〉、〈君守〉〈知度〉等篇

《淮南子》

《文子》

班固《漢志》：

> 「秉要執本，清虛以自守，卑弱以自持，君人南面之
> 術，合於堯之克攘⋯⋯放者為之則欲去禮學、仁義，獨任清
> 虛，可以為治。」

　　他們在漢初所敍述的道家或道德家，主要是指黃老思想。班
固開始所講的「人君南面之術」，是一個政治化的道家，最後再
談到一個不好的「放者爲之，則欲去禮學、仁義、獨任清虛可以
爲治」，是典型的老莊思想。（在《漢書·藝文志》常用二分法，
把思想學派原始純眞的部分認爲是壞的，墨家、農家等家就是這
樣偏頗的批判。）司馬談、班固眼中的道家，其實就是黃老思
想，這對漢初的社會影響非常鉅大，所以說〈學〉〈庸〉這兩篇文章
在這大環境之下，即使與老子、莊子主流思想無關，但很難擺脫
受到黃老思想影響。

二、大學與黃老思想

㈠「格物、致知、誠意、正心」到「修身、齊家、治國、平天下」的系統

　　格物、致知、誠意、正心一直到修、齊、治、平，由內而外
的整個架構，一向被認爲是儒家之精粹。常有人動不動就說這是
儒家的「內聖外王」，殊不知「內聖外王」一詞絕對不是儒家
的，它是《莊子·天下篇》中黃老思想的一個口號。〈天下篇〉過去
爭議很大，有以爲是儒家作的，有以爲是莊子作的，其實它是以
黃老思想的立場來寫，至爲清楚。熊十力用內聖外王解釋八個條

目，這八個條目「正心」向內的四個條目是內聖，修身是「修身爲本」，他認爲修身是核心，應該提出來統攝七個條目，而齊家、治國、平天下是外王，一般以爲是儒家之說，而視爲當然㉜，可是在《論語》卻找不到這樣由修身到平天下的架構，倒是出現於《老子》。

《老子》五十四章：

　　「善建者不拔，善抱者不脫，子孫以祭祀不輟。修之於身，其德乃真；修之於家，其德乃餘；修之於鄉，其德乃長；修之於國，其德乃豐；修之於天下，其志乃普。故以身觀身，以家觀家，以鄉觀鄉，以國觀國，以天下觀天下，吾何以知天下然哉？以此。㉝」

在《老子》的價值上，並非一步一步擴大到統治天下，而是指以自然的「道德」爲內蘊，而後不斷擴充到天下，成爲無爲的天下。而「以身觀身……」是以修道之身，觀照一身；以修道之國，觀照一國。在價值上雖與〈大學〉的「絜矩之道」不同，但在方法上卻是相同的。

《老子》由身、家、鄉、國以至天下脈絡非常清楚，是《莊子・天下篇》內聖外王架構的原型。

《莊子・天下篇》：

　　「天下之治方術多矣。聖有所生，王有所成，皆原於一。不離於宗，謂之天人。不離於精，謂之神人。不離於真，謂之聖人。以天爲宗，以德爲本，以道爲門，兆於變化，謂之聖人。以仁爲恩，以義爲理，以禮爲行，以樂爲

和，薰然慈仁，謂之君子。以法為分，以名為表，以參為驗，以稽為決。……古之人，其備乎，配神明，醇天地，育萬物，和天下，澤及百姓，明於本數，係於末度……天下大亂，賢聖不明，道德不一，……是故內聖外王之道，闇而不明，鬱而不發。……」

「聖有所生，王有所成，道原於一」，「一」是道，是聖王之道，就是黃老思想的理想，以「聖」為宗旨，再吸收「王」的觀念，而成為儒道政治的綜合架構。「不離於宗，謂之天人」，天人標榜一個「天」出來，本來在〈逍遙遊〉裡只有至人、神人、聖人，這裡多標一個天人出來，由天、神、至人一直到「聖人」都屬於道家的。「以仁為恩，以義為理，以禮為行……謂之君子」是儒家的，「以法為分，以名為表……以稽為決」有兩個講法，一個是傾向法家，一個是傾向荀子學派，若依〈天下〉全篇來看是傾向儒家的荀派，不是法家。「古之人其真備乎，配神明，醇天地，育萬物和天下，澤及百姓」這幾句話來看和〈中庸〉思想是相符的；「以參為驗，以稽為決」，以及「明於本數，係於末度」是荀派語言，最後〈天下篇〉作者很惋惜，因方術繁多而造成「內聖外王之道，闇而不明，鬱而不發」。以上所謂內聖是講到「王有所成皆原於一不離於精、不離於真，以天為宗，以德為本」，這是內聖。「以名為表，以參為驗，以稽為決」，落實到制度上，就是所謂外王。我們必須了解內聖外王本是道家黃老思想架構，尤其內聖，純是道家精神之所在，即是〈讓王篇〉所說：「道之真以治身，其緒餘以為國家，其土苴以治天下。」[34]

《管子》的〈心術〉也有這樣的架構，它提出「心」字，由內在的心安而到國治。〈心術下〉：

「心安,是國安也。心治,是國治也。功外而民從,則百姓治矣。」

接下來,值得注意的是《孟子》。《孟子》和〈大學〉的關係是很密切的。《孟子・離婁上》:

「人恆有言:天下國家;天下之本,在國;國之本,在家;家之本,在身。」

有的學者,認為〈大學〉出於《孟子》㉟,其理由之一就是根據《孟子》這一句話,但顯然忽略了「人恆有言」一語並不是孟子說的,雖沒證據是出自道家,但可從當中看出先於孟子的人確有這樣的構思,這和老莊思想的關係可能最密切的。到了漢初,又可以看到《淮南子》的〈詮言訓〉有更細緻的層次,講到了心、性:

「能有天下者,必不失其國;能有其國者,必不喪其家;能治其家者,必不遺其身;能修其身者,必不忘其心;能原其心者,必不虧其性;能全其性者,必不惑於道。」

又《淮南子・泰族訓》:

「故心者,身之本也;身者,國之本也。」

《淮南子》二則系統相同,〈詮言訓〉所引為詳,《淮南子》為漢初道家,理所當然的以「道」為歸,雖與《老子》五十四章思想不盡相同,但整體而言,並無矛盾,一脈相承,前後一貫,而後來

遂又創造了「格物」「致知」，它應該是在《淮南子》以後儒者所產生的架構。此外，還有亦屬於黃老思想的《列子‧說符》㊱：

> 「詹何對曰：『未嘗聞身亂而國治者也，故本在身，不敢對以末。』」

綜合以上所有從心、性至國家、天下的架構，幾乎都全是黃老學派的資料，而這樣〈大學〉就很難說與它們無關，而可以獨立於外。

(二)明德

孔子孟子皆不言「明德」，一般認為〈大學〉中有康誥曰：「克明德」。就是明明德的由來，而事實古書引證，常是斷章取「字」而已，像〈大學〉引詩云：「穆穆文王，於緝熙敬止」之「止」應為語尾助詞，但卻解作「止於仁」之「止」㊲。《尚書‧康誥》：

> 「顯考文王，克明德，慎罰，不敢侮鰥寡。」

是指文王能夠以好的德行，謹慎用刑罰，不敢欺侮鰥寡等弱者，明德目的是要明鑑刑罰，因此就有學者以為大學明德而引「克明德」是斷章截句，有失原旨。㊳而〈大學〉稱：「古之欲明明德於天下者先治其國，欲治其國者先齊其家……致知在格物。」即明明德要先做到八條目，即天子要先格物、致知、誠意、正心、修身、齊家、治國、平天下，而後方為明明德，也就是平天下是明德的極致目標，這與西周初年的「克明德」有何關

係？㊴平天下即明德的說法，正又出現於七○年代馬王堆出土的帛書上，《黃帝四經·經法》㊵：

> 「天下太平，正以明德，參之於天地，而兼覆載而無私也，故王天下。王天下者之道，有天焉，有人焉，又（有）地焉，參者，參用之，□□而有天下矣。㊶」

　　這段話指王天下之道，即天下太平，要以天子之明德為正，然後無私的如天地之覆載而與天地為參，與〈大學〉之平天下為明德相符，也與〈中庸〉聖人以至誠「贊天地之化育」「與天地參矣」之精神相同，□□兩個闕文，疑是明德，明德而有天下矣。這樣猶如儒家的文字出現於黃老之學的《黃帝書》中，不是徐復觀先生所能預料的，原來儒道是相混的。㊷

　　至於明德的明，及《中庸》「自誠明，自明誠」的「明」，並不是《論語》中子張「問明」的明㊸，也不是《孟子》的明。〈大學〉的「明明德」是全文的主旨，明是內在的觀照，這樣可能還是比較接近老子的「明」，「明」在道家黃老中的地位遠比儒家要深刻和重要。徐氏稱莊子的「明」，與儒家明善不同的看法，跟這個問題是無關的㊹。

　　《老子》十六章：

> 「夫物芸芸，各歸其根，歸根曰靜，靜曰復命，復命曰常，知常曰明。」

　　又三十三章：

「知人者智，自知則明。」

《管子·心術》：

「靜則精，精則獨立矣，獨則明，明則神矣。」

明有觀照省察之工夫，所以黃老學者以為可以服天下，也正是〈大學〉的「平天下」。《黃帝四經·道原》：

「明者，固能察極，知人之所不能知，（人）服人之所不能得，是謂察稽知□極。聖王用此，天下服。㊺」

㈢知止

《論》《孟》沒有「知止」，而這個詞彙卻見於《老》《莊》。

《老子》四十四章：

「知足不辱，知止不殆，可以長久。」

《莊子·齊物論》：

「故知止其所不知，至矣。」

《庚桑楚》：

「知止乎所不能知，至矣。」

誠然〈大學〉知「知止而后有定」與《老》《莊》義理不同㊻，但詞彙卻只與黃老相同，且再看屬於黃老學派的《管子‧內業》：

> 「聖人與時變而不化……能正能靜，然後能定，定心在中，……可為精舍，精也者，氣之精者也，道乃生，生乃思，思乃知，知乃止矣。」

雖然是講黃老的精氣，但似有「知止」而後定靜、安、慮、得的絲微影子，雖然不敢說〈大學〉與黃老有怎樣的關係，但能絕對沒有瓜葛嗎？尤其是以下要談的定靜。

㈣定、靜

《論語》、《孟子》不主靜，更無以定、靜為哲學的命題。可是黃老思想卻是以定、靜為其重要命題。

《老子》十六章：

> 「致虛極，守靜篤。」

又三十七章：

> 「無欲以靜，天下將自定。」

而後晚出的《管子‧心術》等四篇和新出土的帛書《黃帝四經》大量的出現「靜」字，強調「靜、虛」、「靜、正」，使聖人內心無所藏於各種意識、成見。唯有靜的狀態，心才能觀照事物。而〈大學〉以「定而後能靜」以至於「安」「慮」「得」的工夫，

以求至善，定、靜兩字，除上文引《管子‧內業》「能正能靜，然後能定」外，在《黃帝四經》的〈稱篇〉和〈十大經篇〉，都說：「安徐正靜，柔節先定。」⑰此外，在《管子‧內業》：「氣意得而天下服，心意定而天下聽。」以「得」與「定」爲工夫，雖然〈大學〉與黃老所說的定、靜在內涵上不盡相同，但顯然借用黃老的詞彙。

三、中庸與黃老思想

㈠道

儒家孔孟都談「道」⑱，而且也以「道」爲人生與自然的準則。孔子說：「志於道。」（《論語‧述而》），孟子也說：「君子之志於道也。」（《孟子‧盡心上》）。而且也談天道，子貢說：「夫子之文章，可得而聞也；夫子之言性與天道，不可得而聞也。」（《論語‧公冶長》），雖然孔子少講天道，畢竟還是說了。孟子一樣也說：「聖人之於天道也。」（〈盡心下〉）⑲

孔孟引用或解說「道」或「天道」的地方太少，在《論》、《孟》兩書中所佔的比重，遠不如仁義、心性爲多，他們在天道思想中多少含有上天神格的天命論，而且缺乏如道家老莊一樣，賦予「道」一個形而上的本體思想。

可是〈中庸〉全文中「道」與「誠」分別佔最重要的地位，並且都有本體的思想，「道」是天地萬物的實體，而「道」在道德上意義就叫「誠」，茲從兩方面的特質來看：

1、是普遍性：

「道」普遍存在於天地萬物人類之中，任何人都不能離開

道，「可離，非道也」，因為萬物的本性，皆有上天所給予的規律性，所以循本性而展現的本能，就是道。它到處流衍存在，上抵於天，下入於淵，即所謂「上下察也」。把道視為道德的本體，就是誠，至誠無息，形成了高明博厚的天地。因此民間匹夫匹婦，也足以自我實現「道」，而「誠者」也能「自成也」，這就是「君子之道，費而隱」的「費」。

2、是精微性：

道看不見、摸不著，但卻能產生最大的作用力，而成為最高的支配者和創造者。「莫見乎隱，莫顯乎微」。因此聖人尚且有不能了解者，然若聖人能實現道而與之合一，也就能「致中和，天地位焉，萬物育焉。」也就是達到至誠的境界，足以「與天地參矣」。這就是「君子之道，費而隱」的「隱」。

在這兩種特性下，天地萬物的發展規律與現象是「不見而章，不動而變，無為而成。……為物不貳，生物不測」（〈中庸〉二十六章）。這樣充滿自然而又理性的詮釋，是受到戰國末以後的思想界的大環境影響使然。

這股道的本體思想風潮，主要是道家及「雜家道家」的黃老思想。從《老子》開始就以道為宇宙的本體與主宰，而完全擺脫了上帝支配的神權思想，並兼有上述普遍與精微的兩種特質。「道」為「先天地生……可以為天下母」（二十五章），也是普遍存在的，「大道氾兮，其可左右」（三十四章），同樣是不能用官能察覺的存在，所謂「無狀之狀，無物之象」。（十四章），而道家的聖人能契合本體，故能「不行而知，不見而名，不為而成」（四十七章），與〈中庸〉近似。

《莊子》亦然，稱：「夫道，有情有信，無為無形，可傳而不

可受……未有天地，自古以固存。」（〈大宗師〉）又說：「夫道，覆載萬物者也，洋洋乎大哉。」（〈天地〉）。

再看黃老思想的作品：《管子・心術上》：

> 「道在天地之間也，其大無外，其小無內。……天之道，虛其無形。……道也者，動不見其形，施不見其德。」

《管子・心術下》：

> 「是故聖人一言解之，上察於天，下察於地。」

《黃帝四經・十大經》：

> 「一者，道其本也。……，一之解，察於天地；一之理，施於四海。

《黃帝四經・道原》：

> 「上道高而不可察因，深而不可測也。」

從以上可知《中庸》道的本體論，基本上與老莊黃老思想道的性格是相同的，只是前者是道德的主體，而後者是自然的本體而已。

此外，〈中庸〉「鬼神之爲德」章（十六）透過鬼神的精神作用力來與聖人之道之誠的功能相互詮釋，兩者都是超越官能感覺而存在的實體，瀰漫在上下左右。這一章是作者以郊社宗廟之祭

儀⑩中的鬼神靈力融入聖人之道中，成為泛神論的思想。

在黃老與《易傳》即把鬼神納入宇宙本體之中，成為萬化之一，而不突顯鬼神的地位。《管子‧內業》稱：「凡物之精，比則為生。……流於天地之間，謂之鬼神，藏於胸中，謂之聖。」即是《莊子》「道」可以「神（解為生）鬼神帝，生天生地」（〈大宗師〉）一樣。而《易傳》稱：「知變化之道者，其知神之所為乎？」（《繫辭上傳》）「窮神知化，德之盛也。」（《繫辭下傳》）鬼神逐漸理性化，也是後來朱熹注〈中庸〉的取向。只是很難知道〈中庸〉與黃老《易傳》在這方面的確實關係。

㈡「喜怒哀樂之未發，謂之中；發而皆中節，謂之和……致中和，天地位焉。」

《論語》、《孟子》皆未言「中和」。而中和被認為出於《荀子‧王制篇》說：

> 「故公平者，職之衡也；中和者，聽之繩也。」

此外，《荀子‧勸學說》：

> 「榮之中和也，詩、書之博也。」

又〈樂論〉：

> 「天下之大齊，中和之紀也。」

這三則的「中和」都與喜怒哀樂無關，不過都跟聲音、音樂有關⑤。再看《淮南子·泰族訓》：

> 「聖人懷天氣，抱天心，執中含和。」

又說：

> 「上無煩亂之治，下無怨望之心，則百殘除而中和作矣，此三代之所昌。」

此更接近〈中庸〉的說法，沒有煩亂、怨懟，聖人內心能保持平和，就是中和。另外，〈原道訓〉：

> 「夫喜怒者，道之邪也；憂悲者，德之失也；好憎者，心之過也；嗜欲者，性之累也。……心不憂樂，德之至也，通而不變，靜之至也。……是故以中制外，……思慮平。」

這裡沒有談「中和」，而只談「中」，但卻談情感、談心理的作用。凡喜怒、憂悲、好憎、嗜欲乃是道德心性的過失，能擺脫喜怒哀樂、心不憂樂、通而不變、思慮平和，就是中，中可以制外物之累，此章不知是否與〈中庸〉有關，但可以溯原《莊子》，找更早的資料，《莊子·在宥》：

> 「人大喜邪？毗於陽；大邪怒，毗於陰，陰陽並毗，四時不至，寒暑之和不成，其反傷人之形乎！使人喜怒失位，居處無常，思慮不自得，中道不成章。」

人喜怒失常，思慮無所得，由中道無條理，所以中道包含喜怒、陰陽、四時、寒暑的調和，成玄英疏為「憲章之法」，與「中和」無異。

㈢「寬柔以教，不報無道，南方之強也，君子居之；衽金革，死而不厭，北方之強也，而強者居之。」

孔、孟都沒有自居為南方人，或以南方為君子所居的觀念。《論語‧子路》：「子曰：南人有言曰：『人而無恆，不可以作巫醫。』善夫！」這只是肯定人要有恆的格言㊵，而孔子非南人則至明。《孟子》則稱「晉國……南辱於楚。」（〈梁惠王上〉）並且大肆攻擊楚國陳相棄儒而學神農之言說：「南蠻鴃舌之人。」（〈滕文公〉）又指商湯的征伐「南面而征，北狄怨。」（〈梁惠王下〉）客觀的說：孔孟自居為「中」人，非南非北。又《莊子‧天運》稱「老子南之沛」，又稱孔子為「北方之賢者」可見南北也是對稱的觀念而已。可是〈中庸〉在這樣卻沒有「中」的定位，而主張南方的君子，以君子之「寬柔以教，不報無道」的「和」才是真正的強。這個價值體系顯然不是儒家的，孔子雖不主張強，卻強調剛毅不屈，「吾未見剛者」（〈公冶長〉），孟子也大倡「至大至剛」（〈公孫丑上〉）。

寬柔思想是哪裡來的？主要是起於被周人長期鎮壓的文化高、人口多的商遺民的民族自覺性格。

仲山甫（《國語‧周語》稱為樊穆仲）是商人，商亡時，被分給周公弟康叔姬封七族之一的後裔，尹吉甫曾作詩讚美他：「仲山甫之德，柔嘉維則，令儀令色，小心翼翼，古訓是式。……柔亦不茹，剛亦不吐。」㊳

柔德是古訓，是東夷的商人在華夏周人統治下的容忍寬柔的

適應方式，也是道家思想的源流之一。㉔

南國在成周雒邑之南，在今河南南陽一帶，是商裔東夷系的住地，周宣王先後令大臣召伯（虎）及母舅申伯來統治，以屏周室。尹吉甫作〈崧高〉之詩稱「申伯之德，柔惠且直。」後楚文王滅南國，柔和的思想，爲後人所傳頌。

老聃是周史官家族的商遺民，後又長居南方楚地，「柔弱」以及「柔勝剛」成爲他的主要學說之一：

《老子》三十六章：

> 「柔勝剛，弱勝強。」

《老子》五十二章：

> 「守柔曰強。」

這不僅與〈中庸〉南方之強有「寬柔以敎」相合，也與二十章的「雖愚必明，雖柔必強」一致。《老子》以「反者道之動」（四十章）「正言若反」（七十八章）爲辨證的法則，居負面而能操正面。二十章的這兩句是道家觀念的語言。

其次談「不報無道」。

《論語・憲問》：

> 「或曰：『以德報怨，何如？』子曰：「何以報德？以直報怨，以德報德。』」

以德報怨是老子的思想，《老子》六十三章「大小多少，報怨以德。」孔子反對這種思想，而主張「以直報怨」，依「怨」的狀況，再以公平正直來回報，沒有如〈中庸〉是「不報」的。而《孟子‧盡心上》：

> 「殺人之父，人亦殺其父；殺人之兄，人亦殺其兄。」

孟子一向主張報復主義的，君視臣如草芥，臣視君如寇仇。君主暴虐人民，人民可以誅之。在儒家公羊學中是主張報仇的。《公羊傳》莊公四年：

> 「復讎，……雖百世可也。」

在兩漢士人的風範中復仇、報恩的行為不勝枚舉，所以「不報無道」是道家或黃老的思想。

因此〈中庸〉：十章雖然表達了國有道、無道皆不變的中和思想，但引用的論證卻是道家的。

㈣「萬物並育而不相害，道並行而不相悖」

孔孟對「萬物並育」並不熱衷，他們若連想到萬物，也只是指包括天地萬物的天道而已。而天道只是附著在人性之中，「人」才是他們關懷的核心。

而且孔、孟之言自己所肯定的「道」是單一而無雙的。孔子說：「道不同，不相為謀。」（〈衛靈公〉）「吾道一以貫之。」（〈里仁〉）而《孟子》引孔子說：「道二：仁、不仁而已。」（《孟子‧離婁》），絕沒有可以讓不同的異端的道，可以並行。

　　而道家就不一樣，重視自然化育萬物，而人是萬物之一，人
與萬物並生並化於大自然之中，沒有腐朽與神奇的價值之別。
　　《老子》三十四章：

　　　「大道氾兮……萬物恃之而生而不辭，……衣養萬物而
　　不為主。」

　　《莊子・齊物論》：

　　　「天地與我並生，萬物與我為一。」

　　又〈馬蹄篇〉：

　　　「至德之世，同與禽獸居，族與萬物並。」

　　有雜儒家思想的〈天道篇〉：

　　　「天不產而萬物化，地不長而萬物育。」

　　而且在自然的發展中，他們讓現象的對立並存，是非兩在，
不必是其所是，非其所非，不必譽堯而非桀。莊子稱之為「兩
行」，〈齊物論〉：

　　　「聖人和之以是非，而休乎天鈞，是之謂兩行。」

能等視物我，超越對立，才能並行。

到戰國之末，秦漢之交，士人對自然與人的關係，逐漸普遍的採用道家開闊的態度，如《呂氏春秋・去私》：

> 「天無私覆也，地無私載也，日月無私燭也，四時無私行也，行其德而萬物遂長焉。⑤」

雖然，〈中庸〉的「萬物並育」「道並行」以及「化育」之詞及其觀念並不一定與道家及黃老有明確之關係，但在晚周學術界線模糊之際，亦難提出無關的證據。

四、學、庸與淮南子

《淮南子》是漢初淮南王劉安門下方士所編寫的思想巨著，雖然《漢書・藝文志》列為雜家，實以道家為主，再融入儒、法等家，《淮南要略》稱：「考驗乎老莊之術而以合得失之勢者」，這即是典型的黃老思想。它與〈學〉〈庸〉在詞彙、文意上殊多雷同，因此單獨列為一節來相互對照：

㈠「天命之謂性，率性之謂道。」（朱注〈大學〉一章）
《淮南子・齊俗訓》：

> 「率性而行謂之道，得其天性謂之德。」

〈繆稱訓〉：

> 「性者，所受於天也。」

〈齊俗〉上下文句在申《老子》三十八章「失道而後德，失德而後義……」的意思，但解釋「道」之義與〈中庸〉相同，〈中庸〉言「性」，而不言「心」，而《淮南》之言「性」，指「性命之情」與《莊子》皆含有自然定命之性⑤⑥，與〈中庸〉含有自然天道之性有重疊的部分。此外，《淮南‧修務訓》稱「知者之所短，不如愚者之所修。」勞思光先生以爲「修」與〈中庸〉「修道之謂敎」之「修」，皆是「學」的意思。⑤⑦

㈡「物有本末，事有終始」（〈大學〉一章）

《淮南子‧泰族訓》：

> 「天地之生物也有本末，其養物也有先後；人之於治也，豈得無終始哉！」

㈢「修身、齊家、治國、平天下」（〈大學〉一章）

從略。見二、㈠所引《淮南子》〈詮言訓〉及〈泰族訓〉。

㈣「其本亂而末治者否矣」（〈大學〉一章）

《淮南子‧詮言訓》：

> 詹何曰：「未嘗聞身治而亂者也，未嘗聞身亂而國治者也。」

㈤「故君子有諸己，而后求諸人；無諸己而后非諸人。」（〈大學〉九章）

《淮南子‧主術訓》：

「故有諸己,不非諸人;無諸己,不求諸人。」

㈥「所惡於上,毋以使下……」(〈大學〉十章)
《淮南子‧主術訓》:

「所立於下者,不廢於上。」

按㈣至㈥在〈中庸〉皆表示以身作則的「絜矩之道」,即《淮南‧詮言訓》的「矩不正不可以爲方……身者,事之規矩也。」在〈主術訓〉則稱:「人主之立法,先自爲檢式儀表。」

㈦慎獨(〈大學〉六章、〈中庸〉一章)
《淮南子‧繆稱訓》:

「故君子慎其獨也。」

文字與〈中庸〉全同。

㈧「中和」(〈中庸〉一章)
從略。見三、㈡所引《淮南子‧泰族訓》。

㈨「君子之道,辟口行遠,必自邇,辟如登高,必自卑。(〈中庸〉十五章)
《淮南子‧繆稱訓》:

「君子之道,近而不可以至,卑而不可以登。」

(十)「鬼神之爲德，……視而弗見，聽之而弗聞。……詩曰：『神之格思……』」

《淮南子・泰族訓》：

　　　　「鬼神視之無形，聽之無聲。……詩云：『神之格思，（下同〈中庸〉』）」

(十一)「其人存則政舉，其人亡則其政息」（〈中庸〉十九章）

《淮南子・泰族訓》：

　　　　「得其人則舉，失其人則廢。」

(十二)「人道敏政，地政敏樹」（〈中庸〉十九章）

《淮南子・繆稱訓》：

　　　　「欲知地道，物其樹；欲知人道，從其欲。」

(十三)「親親……尊賢，……禮所生也。……天下之達道五……君臣、父子、夫婦、昆弟、朋友。」（〈中庸〉二十章）

《淮南子・齊俗訓》：

　　　　「禮者，所以別尊卑，異貴賤。義者，所以合君臣、父子、兄弟、夫婦、朋友之際也。」

(十四)「知、仁、勇」（〈中庸〉二十章）

　　孔子談知仁勇，但孟子並未談。在漢初又熱起來。⑱《史記》
稱丞相公孫弘在「淮南、衡山謀反」時，上書武帝謝罪，書稱：
「臣聞天下之通道五，所以行之者三……智仁勇，此三者天下之
通德。……」⑲全文與〈中庸〉文字幾乎全部相同，但是否引自
〈中庸〉不可得知，偏偏此文是針對劉安之反抗漢武帝而來，《淮
南子》反對儒家大一統中央集權的思想，而且一再主張無為式的
智仁勇與〈中庸〉及公孫弘書大異其趣。

　　《淮南子‧詮言訓》：

　　　　「何謂無為？智者不以位為事，勇者不以位為暴，仁者
　　不以位為患，可謂無為矣。」

　　那麼〈中庸〉的智仁勇，即使早於《淮南子》，也不會早很多，
因為他們各用不同的價值來詮釋同時代的命題。

　　（十五）「在下位，不獲乎上……不誠乎身矣。」（〈中庸〉二
十章）

　　此章又見於《孟子‧離婁上》，但《淮南子》也有相近的文字，
〈主術訓〉：

　　　　「士處卑隱欲上達，必先反諸己。上達有道……不能專
　　誠。」

　　文字結構多相同，以文長而略去。

　　（十六）「天下至誠為能化」（〈中庸〉二十三章）

《淮南子‧泰族訓》：

> 至誠而能動化矣。……推其誠心，施之天下而已矣。

(十七)「至誠如神」(〈中庸〉二十四章)

《淮南子‧繆稱訓》：

> 「聖人在上，化育如神。」

(十八)「上律天時，下襲水土。」(〈中庸〉三十章)

《淮南子‧主術訓》：

> 「人君者，上因天時，下盡地財。」

以上諸條顯示〈學〉〈庸〉在詞彙文意有與《淮南子》近似之處，但《淮南》文字工整而細密，可能稍晚，不過大致也屬於同一時代。《淮南子》與〈大學〉、〈中庸〉相互影響，至於其真象，已不可得而知矣。而《淮南子》與〈學〉〈庸〉相關者，集中在〈齊俗〉、〈泰族〉、〈詮言〉、〈主術〉、〈繆稱〉等五篇，正是含有濃厚儒家色彩的作品。

結　語

〈學〉、〈庸〉和許多古籍一樣，在不同的章句中，有不同的思想來源，從以上的論述，可歸納〈學〉、〈庸〉包含有以下的儒家思想與受黃老思想影響的現象：

一、孔子的忠恕和中庸思想，以及思孟學派的人性論。

二、荀子學派的變化論、後王論，以及秦漢大一統思想及讖緯神學。

三、〈大學〉八條目受黃老內聖外王架構的影響。

四、「明德」「知止」「定靜」可能原為黃老習用的語言。

五、〈中庸〉「道」的本體論受道家及黃老之影響。

六、「寬柔以敎，不報無道」的「南方之强」係道家的觀念。

七、「中和」「萬物並育」與道家自然觀有關連。

八、〈學〉、〈庸〉與《淮南子》文句、觀念甚多雷同，可因此而推論：〈學〉〈庸〉之章句編集，可能與漢初《淮南子》同時，或稍早。但其內容，不乏有先秦之素材。

本文後半即「〈學〉〈庸〉與黃老」，原係 1988 年 12 月 28 日在師大學術演說之講稿，後不斷修飾、擴大，雖數易其稿，然闕漏仍在，蓋事關東亞哲學縱、橫方向之流變，問題龐雜猥多，故以初探名之，以俟博雅君子，有以正之。

註　釋

①《史記·孔子世家》。

②江藩《漢學師承記》卷五。

③《史記·仲尼弟子列傳》。

④見張心澂《僞書通考·經部·孝經類》。

⑤《論語·里仁》。

⑥《論語·衞靈公》。

⑦《論語·顏淵》。

⑧胡志奎《學庸辨證》，聯經出版社；趙澤厚《大學研究》，中華書局。

⑨日本武內義雄《子思子考》以朱子章句二十章以前為上半，二十章以下為下半；《先秦經籍考》。

⑩如《禮運・大同章》，公認不是孔子的思想。何異《孫十一經問對》：「《禮記》……秦漢諸儒錄所記以成編。多非孔子之言，凡子曰者多假託。」

⑪《莊子・寓言》：「重言十七」重言為引用權威者的話。

⑫此章上文從「居下位而不獲於上……」起全文，又見於〈中庸〉朱注本二十章的後面。

⑬《禮記・三年問》出於《荀子・禮論》，〈樂記〉、〈鄉飲酒義〉所引，出於〈樂論〉，〈聘義〉部分，出於〈法行〉等。

⑭馮友蘭有〈大學為荀學說〉見《古史辨》四冊，175 頁。

⑮《論語・八佾》，孔子說：「夏禮，吾能言之，杞不足徵也……，足，則吾能徵之矣。」一章是感歎夏殷兩代之禮，因文獻不足而不能徵信。並沒有反對兩代之禮的意思。而同篇說：「周監於二代，郁郁乎文哉。」只是說周禮能融合二代之美，並沒有強調是「今」與「古」的概念，可是〈中庸〉作者把《論語》兩章併為一章，就顯出於今為是的意思了。

⑯見韋政通先生《中國思想史》（上冊）十一章「禮記中的荀學」，414 頁。

⑰陳槃先生《大學中庸今釋》，別記壹，97～111 頁。

⑱羅根澤〈管子探源〉，收入《諸子考索》，465 頁。

⑲如《史記・田單列傳》：「城壞，齊人走，爭塗，以轊折車敗。」

⑳《孟子・盡心》：「晉、楚無相加戒……道路無壅……。」《呂氏春秋・孟冬紀》：「命司徒，……戒門閭，……備邊境，完要塞，謹關梁，塞蹊徑。」

㉑1976 年 10 月臺灣師範大學國文所研究生許學仁的博士論文〈戰國文字分域與斷代研究〉所引出土資料甚多，足供參考。

㉒見許慎《說文解字·敍》。

㉓《說文解字·敍》：「秦始皇初兼天下，丞相李斯乃奏同之罷其不與秦文合者，斯作〈倉頡篇〉，中車府令趙高作〈爰歷篇〉，太史令胡母敬作《博學篇》，皆取史籀大篆或頗省改，所謂小篆者也。」

㉔貊可能為東北朝鮮地區的通古斯族。北嚮戶，門戶北向，指日南，為南蠻地區。

㉕《春秋繁露·郊語》。

㉖賴炎元先生今註今譯本 331 頁，商務印書館。

㉗同上㉖。

㉘錢穆《老子書晚出補證》，《莊老通辨·自序》，收入《莊老通辨》，三民書局。

㉙收入《中國思想史論集》，學生書局。

㉚前書 100 頁。

㉛前書 102 頁。

㉜熊十力先生《讀經示要》卷一，107 頁，廣文書局版。

㉝「修之於國」一本作「邦」，帛書及王弼皆作「國」。

㉞〈讓王篇〉「治天下」即指儒家的平天下。

㉟勞榦〈大學出於孟學說〉，中央研究院史語所集刊。

㊱見拙作《列子導讀》壹〈黃老思想的先驅〉，金楓出版社，1988 年 8 月。

㊲見于省吾《澤螺居詩經新證》卷下，詩經中止字的辨釋，木鐸版 177 頁。按後世如朱熹之注「必至於是」之意，皆受〈大學〉誤引的影響。

㊳王大千先生〈明明德釋義〉，吸入《大學論文資料彙編》274 頁，高雄

師院編。

㊴明明德統括八條目，〈大學〉文意至為明確，學者早已有此說。趙澤厚先生〈對大學明明德的解釋質疑〉，彙編 277 頁。高明先生〈學庸研究之回顧與前瞻〉，彙編，439 頁。

㊵1973 年 12 月湖南長沙馬王堆三號漢墓出土帛書，其中隸書本《老子》（乙種）的後面有四篇古道家佚書四篇，是黃老的作品，經唐蘭考證認為是《漢志》中的〈黃帝四經〉，但亦有以為是〈黃帝君臣〉。〈經法〉是帛書原有篇名。

㊶《帛書老子》附〈黃帝四經〉，198 頁，臺北河洛出版社。

㊷見註㉛。

㊸《論語・顏淵》：「子張問明」明指知人、了解人。《孟子》書「明」字凡十餘見，皆見明白，或指聖明君主的意思，見楊伯峻《孟子譯注》附孟子詞典，393 頁。

㊹《中國思想史論集》，108 頁。

㊺《帛書老子》附〈黃帝四經〉，236 頁，河洛出版社。

㊻徐復觀《中國思想史論集》，108～109 頁。

㊼這兩句又見《管子》〈勢篇〉及〈九守篇〉，唐蘭以為《管子》引自〈帛書黃帝四經〉。見〈黃帝四經初探〉。《帛書老子》，239 頁。

㊽孔子的道、林義正先生著〈論孔子思想中的道〉有深刻的分析。《國際孔學會議論文集》，343 頁，1978 年。

㊾〈帛書五行篇〉作「聖之於天道也。」

㊿郊社與宗廟之禮見〈中庸〉，十九章。

(51)漢代別有《太平經》稱：「中和者，主調萬物者也。」又：「中和氣得，萬物滋生。」《太平經》係早期道教的經典。

(52)《莊子》主張有恆，〈庚桑楚〉：「人之脩者，乃今有恆，有恆者，人舍之，天助之。」

(53)《詩・大雅・烝民》。「柔亦不茹，剛亦不吐」的背面有以柔克剛的思想。

(54)見拙作〈道家起源新探〉《師大國文學報》十七期，83 頁，1988 年 6 月。

(55)《莊子・大宗師》：「天無私覆，地無私載。」〈德充符〉：「天無不覆，地無不載。」《禮記・孔子閒居》：「孔子曰：天無私覆，地無私載，四月無私照。」學者以爲《禮記》所引最晚出。

(56)《淮南子・泰族訓》與《莊子・駢拇》等篇皆言「性命之情」。

(57)《中國哲學史・漢代哲學》，第二册，48 頁。勞氏說：「以『脩』釋『教』，亦即以『脩』釋『學』，故〈中庸〉此語一正與《淮南》之說合，此類說法，皆漢初流行。」可備一說。

(58)孔子談知仁勇，見《論語》〈子罕篇〉及〈憲問篇〉。又見於《禮記》，除〈中庸〉外，又見於〈禮運〉。而《禮記》則爲漢人所編。

(59)《史記・平津侯列傳》，新校本，2952 頁。

（1989 年 6 月　台灣師大國文學報 18 期）

列子新證

列子與黃老學派思想的關係

一

　　《列子》一書，從一、二十年代起，就逐漸被認爲是魏晉人所編寫的僞書①。雖然以先秦哲學家姓氏爲書名的諸子，沒有一家全是諸子自己編寫的。可是，列子從春秋時代②，一下子被拋在七、八百年後的魏晉，幾乎喪失了在中國哲學史上的地位。這因爲一方面是時代歸屬有問題，少數文句是魏晉人的補述，而全書的人物都是先秦的，大半的章句也確屬先秦或兩漢的，則要置列子於何時，難以下斷。另一方面，一旦被冠以僞書之名，學術價值就容易被抹煞，以致治中國哲學史者，就常把列子給漏掉了③。時至今日，列子之研究者，雖已獲得相當的成績，然仍偏重在辨僞考據，難免忽略了列子思想及其與其他思想相關的諸問題。本文即嘗試從這方面去探討，希望能比較清楚的顯示列子在中國哲學史上的面貌。

二

　　首先，我們來研究列子的哲學字義和其相關的思想。以氣、自生自化、虛、命爲標題。

氣

　　從本體論看，列子正如張湛序文所說：「大歸同於老莊。屬辭引類特與莊子相似。④」但又與老莊强調的「道」有所不同，它主張的是如漢代易緯的說法。《列子》天瑞篇：

　　　　「子列子曰：昔者聖人因陰陽以統天地。夫有形者生於無形，則天地安從生？故曰：有太易，有太初，有太始，有太素。太易者，未見氣也；太初者，氣之始也；太始者，形之始也；太素者，質之始也。氣形質具而未相離，故曰渾淪。渾淪者，言萬物相渾淪而未相離也。……清輕者上為天，濁重者下為地，沖和氣者為人；故天地含精，萬物化生。」

　　此章從「昔者聖人」起，到「濁重者下為地」止，是取自於《周易・乾鑿度》的⑤。「沖和氣者」以下，可能是後人的補述。在太易、太初、太始、太素四個宇宙進化階段的源頭是氣。「太易者，未見氣也。」這是說現象界還未顯現著氣，也間接承認氣是宇宙的基本元素，它是潛隱而存在的實體。到「太初」氣顯現了。乃至於產生了決定物質形體的「太始」和決定物質性質的「太素」。後補的三句，則是說虛無的陰陽所凝成的氣生出了人類。所以，天地陰陽交合而生精氣，使萬物不斷的生育繁衍。

　　太易、太初、太始、太素，這四個相貫的名詞是成立於西漢的。除《周易・乾鑿度》所引外，又見於《白虎通義》和《三墳》，兩書皆稱「易乾鑿度曰」⑥。

　　另外，這四個名詞，單獨出現於兩漢及其前文獻的有太初。《莊子・知北遊篇》：

「外不觀乎宇宙，內不知乎太初。」

「太」又作「泰」。又〈天地篇〉：

「泰初有无，无有无名。」

成玄英疏：「泰，太；初，始也。元氣始萌，謂之太初，言其氣廣大，能爲萬物之始。」陸德明釋文：「泰初，易說：氣之始也。」

又有太始。見《淮南子·天文訓》：

「天地未形，馮馮翼翼，濛濛汪汪，故曰太始（舊本作「昭」，依王念孫說改）。

「道始于虛霩，虛霩生宇宙，宇宙生氣。氣有涯垠，清陽者薄靡為天，重濁者凝固為地。……天地之襲精為陰陽，陰陽之專精為四時，四時之散精為萬物。」

張衡的《玄圖》：

「玄者，無形之類，自然之根，作於太始，莫之與先。」⑦

又有太素。也見於張衡的《靈憲》：

「太素之前，幽清玄靜，寂寞冥默，不可為象，厥中惟

虛，厥外惟無。如是者永久焉，斯謂溟涬，蓋乃道之根也。
道根既建，自無生有，太素始萌，萌而未兆，並氣同色，渾
沌不分。」⑧

太易等四個名詞，大概為古代陰陽家、天文學家所引用的，
而由易緯把四者連貫起來。值得注意的是上面所列的資料，都說
明了宇宙形成的過程，氣是具體萬物的根源。《列子》正是這樣的
思想。再看〈天瑞篇〉杞人憂天的一段：

「長廬子聞而笑之曰：虹蜺也，雲霧也；風雨也，四時
也。此積氣之成乎天者也。山岳也，河海也；金石也，火木
也。此積形之成乎地者也。知積氣也，知積塊也，奚謂不
壞？夫天地，空中之一細物，有中之最巨者。」⑨

這種天積氣，地積形的說法，與老莊大異其趣。倒是與稷下
黃老學派⑩和受黃老影響的王充⑪等一派的精氣元氣說相近。
《管子·內業》：

「凡物之精，比則為生；下生五穀，上為列星；流於天
地之間，謂之鬼神；藏於胸中，謂之聖人；是故民（名）
氣。杲乎如登於天，杳乎如入於淵，淖乎如在於海，卒乎如
在於己（屺）。是故此氣也不可止以力，而可安以德。不可
呼以聲，而可迎以音（意）。」

《黃帝內經·生氣通天論章》：

「黃帝曰：夫自古通天者，生之本，本於陰陽。天地之間，六合之內，其氣九州（竅）、五藏、十二節，皆通乎天氣。」

王充《衡論・自然篇》：

「天地合氣，萬物自生。……夫天覆於上，地偃於下，下氣烝上，上氣降下，萬物自生其中間矣。」

這些論證，都是以氣爲萬物的物質元素，也被古代的科學家所認同。張衡《靈憲》：

「其氣體固未可得而形，其遲速固未可得而紀也。如是者又永久焉，斯謂龐鴻，蓋乃道之幹也。道幹既育，萬物成體，於是元氣剖判，剛柔始分，清濁異位，天成於外，地定於內。」

持氣之說者，都是反神學的，無神論的，王充、張衡是如此，《列子》書也如此。到了漢末魏晉，我們可以發現仍主張元氣論的，都是較開明的思想家。王符《潛夫論・本訓》：

「上古之世，太素之時，元氣窈冥，未有形兆，萬精合并，混而為一，莫制莫御。若斯久之，翻然自化，清濁分別，變成陰陽，陰陽有體，實生兩儀。天地壹鬱，萬物化淳，和氣生人，以統理之。」

曹魏時反何晏王弼玄學的思想家嵇康，他既以元氣爲萬物的
稟性，復又標示太素。〈明膽論〉：

> 「夫元氣陶鑠，眾生稟焉。」

〈太師箴〉：

> 「浩浩太素，陽曜陰凝，二儀陶化，人倫肇興。」

由此推之，列子的氣，是與先秦漢初的黃老思想有關，是屬
於樸素的唯物主義。雖然，列子章句與莊子重疊的最多，但在本
體論上是迥然不同的。

自生自化

傳統的老莊思想，以道爲萬物之本，以無爲天下之母。列子
很少講道，它雖曾以黃老之術講道的作用⑫，但畢竟不是重要的
東西。列子同時也說到無與有的問題，它既承認無，也肯定有。
不過，也是引用了黃老之術的說法。〈天瑞篇〉：

> 「黃帝書曰：形動不生形而生影；聲動不生聲而生響；
> 無動不生無而生有。形必終者也；天地終乎？與我偕終。終
> 進乎？不知也。道終乎本無始，進乎本不久。有生則復於不
> 生；有形則復於無形。生者，理之必終者也。終者不得不
> 終，亦如生者之不得不生。」

無必須經過「動」才產生有。動是指變化的過程而言。這種

動，在上下文中並沒有加以說明。唯就列子全書思想觀之，應該是自發的，而非外鑠。用列子的術語是不得不然的「自生自化」。《列子》書對「生」與「化」的問題，遠比「有」與「無」談的多。〈天瑞篇〉：

> 「子列子笑曰：『壺子何言哉？……其言曰：有生不生，有化不化。不生者能生生，不化者能化化。生者不能不生，化者不能不化。……故生物者不生，化物者不化。自生自化，自形自色，自智自力，自消自息。」

宇宙萬物的生育和變化，是自然而然的，不得不然的。文中有「不生者」「不化者」「生物者」「化物者」是指自然之道。一如《莊子‧大宗師》：「殺生者不死，生生者不生」，不是生化之上有神祕的支配者。《列子》所謂「自生自化」的自，就是自然而又自發的意思。如〈天瑞篇〉的「種有幾」章，便是以生物的循環變化：「萬物皆出於機，皆入於機」來證明自生自化的。⑬

再看王充的思想，在《論衡》中的自生說是十分徹底的。〈自然篇〉：

> 「天之動行也，施氣也；體動氣乃出，物乃生矣，猶人動氣也，體動氣乃出，子亦生也。夫人之施氣也，非欲生子，氣施而子自生矣。天動不欲以生物而物的自生，此則自然也。」

自生是由內部的動，就如《列子‧天瑞》所說的「無動不生無而生有」，孩子和萬物也就產生了。

　　自生並不是先秦哲學的命題，到了兩漢，宮廷中瀰漫著天人感應的目的論。因此，產生了反目的論的自生說，王充便是代表人物。他的「天地合氣，萬物自生」，即用以說明自然界所以生生不息的原因。

　　漢魏之交，社會劇變，玄學興起，學者遂又以「自生說」來注解《老》《莊》、王弼《老子注》第十章：

> 「不塞其源，則物自生，何功之有？不禁其性，則物自濟，何為之恃，物自長足，不吾宰成，有德無主，非玄而何？」

　　王弼承何晏主張貴無，無為萬物之主，有生於無。萬物之所以生，乃是萬物之自生。向秀的《莊子注》是作於曹魏末年，後被郭象所引用。向書反而亡佚，而在《列子》張湛注中卻保存了向秀的自生說。〈天瑞篇〉：「故生物者不生，化物者不化。」張湛注：

> 「莊子亦有此言。向秀注曰：吾之生也，非吾之所生，則生自生耳。生生者豈有物哉？故不生也。吾之化也，非物之所化，則化自化耳。化化者豈有物哉？無物也，故不化焉。若使生物者亦生，化物者亦化，則與物俱化，亦奚異於物？明夫不生不化者，然後能為生化之本也。」

　　向秀認為包括個人在內的萬物，都是自生自化，「不生者」與「不化者」為「生化之本」。則基本上與《列子》所說相同。

　　後來裴頠反對何晏王弼貴無，提倡崇有，他的「崇有論」也

引用自生的說法。

> 「夫至無者，無以能生，故始生者，自生也。自生而必
> 體有，則有遺而生虧矣。」⑭

裴氏以為「無」就是絕對沒有，「無」不能生「有」，
「有」是自生的開始，自生以「有」為本體。

郭象則又吸取裴頠之說，仍以為「無」不能生「有」，但他
有更多的理論建設。他在注《莊子・齊物論》「吹萬不同……」那
段說：

> 「此天籟也。夫天籟者，豈復別有一物哉！即眾竅比竹
> 之屬接乎有之類，會而共成一天耳。無既無矣，則不能生
> 有，有之未生，又不能為生。然則生生者誰哉？塊然而自生
> 耳。自生耳，非我生也。我既不能生物，物亦不能生我，則
> 我自然矣。……夫天且不能自有，況能有物哉！故天者，萬
> 物之總名也。莫適為天，誰主役物乎？故物各自生，而無所
> 出焉，此天道也。」

郭象以萬物之有，乃塊然自生，而自生是無所出的，他進一
步把生化的源頭，一刀斬切。連「生物者」「化物者」也沒有
了。他注〈齊物論〉「惡識所以然，惡識所以不然」一段說：

> 「請問夫造物者有耶？無耶？無也。則胡能造物哉？有
> 也，則不足以物眾形。故明眾形之自物，而後始可與言造物
> 耳。是以涉有物之域，雖復罔兩，未有不獨化於玄冥者也。

> 故造物者無主，而物各自造。物各自造而無所待焉，此天地
> 之正也。」

郭象的自生，把萬物逐一的割裂爲獨立的自我，無論大小，都是
「自足其性」這叫獨化。然後進入精神虛無調和狀況的「玄
冥」，而走向神祕主義。因此，郭象最後是定命論者。⑮

從以上漢魏自生說，回頭來看《列子》的自生，它既沒有滲入
有無的爭辯，也沒有如郭象那麼精細的巧思。絕不是魏晉的思想
形成。可推測的或許與《莊子》的「自取」說（〈齊物論〉）有某些
關連，或許就是西漢黃老之術的資料。

相反的，向秀郭象是受到列子的影響。列子的不得不沒有命
運的「制之者」，必然影響到向郭思想。張湛《列子注》，引到不
少同性質的向秀語，顯示兩人在思想上與《列子》的相互關係。

虛

虛是古來《列子》被標榜的專用思想。《呂氏春秋‧不二》和
《尸子‧廣澤》，皆稱「列子貴虛」。唐天寶元年（公元 742 年）
玄宗封列子其人爲沖虛眞人，改《列子》其書爲《沖虛眞經》。虛是
古人所認爲《列子》的特徵，但今本《列子》存有「虛」的資料不
多。〈天瑞篇〉：

> 「或謂子列子曰：『子奚貴虛？』列子曰：『虛者無貴
> 也。』（以下疑有脫文）子列子曰：『非其名也，莫如靜，莫
> 如虛。靜也虛也，得其居矣；取也與也，失其所矣。事之破
> 碼而後有舞仁義者，弗能復也。』」

虛是知慮空虛的意思。依列子的解釋是如：「南郭子貌充心虛，耳無聞，目無見，口無言，心無知，形無惕（易）。」（〈天瑞篇〉）

虛與靜是並列詞語，虛是心中虛空，靜是專一寧靜。虛與靜，是《老子》首先說的。十六章：

「致虛極，守靜篤。萬物並作，吾以觀復。」

老子是主張保持內心虛空寧靜，以觀察萬物變化的循環規律。後來，虛靜遂成為黃老之術的重要組成，也影響到荀子和韓非⑯。在黃老之術中，虛道是拋棄主觀以明察事物的法則。《管子·心術上》：

「虛之與人也無間，唯聖人得虛道。故曰並處而難得世人之所職者精也，去欲則宣，宣則靜矣，靜則精，精則獨立矣，獨則明，明則神矣，神者至貴也。故館不辟除，則貴人不舍焉，故曰不潔，則神不處，人皆欲知而莫索之，其所以知彼也，其所以知此也。不修之此焉，能知彼，修之此，莫能（如）虛矣。虛者，無藏也。……天之道虛，地之道靜。……虛者，萬物之始也，故曰可以為天下始。」

在此可見黃老學派，把虛置於最尊貴的地位。上文稱列子貴虛，虛不是虛之「名」（概念）而已，而是要用靜虛來觀察，才能使事物各得其所。如反靜虛而用施奪，就不能得其所了。自然的事物，如加以破壞，再用仁義來粉飾，是不能恢復舊觀的。這

又與上述所說的:「靜身以待之,物至而名之」相似。

馬王堆三號漢墓出土的《黃帝四經》⑰,是屬於黃老學派的著述,正好也強調虛。《經法‧道法》:

> 「虛無刑(形),其裛(督,指人脊中的督脈)冥冥,萬物之所從生。……禍福同道,莫知其所從生。見之知道,唯虛無有。虛無有,秋稿(毫)成之,必有刑(形)名。」

所謂的形名,即名實。虛無是萬物所產生的本源,一有如秋毫細小東西生出,必然就會名實相合。《列子》書所謂「非其名也」是跟有法家思想的黃老學派是相關的。

漢初受黃老之術影響的賈誼《新書》,〈道術篇〉:

> 「請問虛之接物何如?對曰:鏡儀而居,無執不臧,美惡畢至,各得其當;衡虛無私,平靜而處,輕重畢懸,各得其所。」

用虛來觀察事物,而能各得其當其所,與《列子》的文義是相近。

綜合言之,《列子》貴虛,《呂覽》、《尸子》所言,是不會錯的。問題是〈天瑞篇〉的「或謂子列子曰子奚貴虛」章,楊伯峻疑非先秦所作⑱。即使非先秦所寫,至少也是西漢初黃老思想盛行時的作品。

命

《列子》的自生自化,就人事而言,是不得不然的定命論。

〈力命篇〉全都反映定命論的思想。第一章就講：人力和天命爭論對萬物的功勞誰大。儘管天命贏了，但它並不承認有制定天命者存在。所謂的命只是任其曲直，讓生命「自壽自夭，自窮自達，自貴自賤，自富自貧」而已。

〈力命篇〉大量徵引歷史事件，如管鮑善交，小白善用能。編者在後面加以評述：

> 「此世稱管鮑善交者，小白善用能者。然實無善交，實無用能也。實無善交實無用能者，非更有善交，更有善用能也。召忽非不能死，不得不死；鮑叔非能舉賢，不得不舉；小白非能用讎，不得不用。」

然後又說管仲推薦隰朋的史事，最後編者又加評論。

> 「然則管夷吾非薄鮑叔也，不得不薄；非厚隰朋也，不得不厚。厚之於始，或薄之終；薄之於終（依陶鴻慶說應作「始」，或厚之於始（應作「終」）。厚薄之去來，弗由我也。」

「不得不」如何如何，就是事情發生後，承認其必然性，但發生的過程，當然會有正反，或多樣發展的變化，以致產生不同的結果。這種變化的因素，是命來決定的，而所以會如此是碰巧的，也就是偶然的。〈力命篇〉最後一章：

> 「農赴時，商趣利，工追術，仕逐勢，勢（盧重玄作「力」）使然也。然農有水旱，商有得失，工有成敗，仕有

遇否，命使然也。」

農人要把握農時，商人爭取利潤，工人追求技術，讀書人追逐權勢，是要靠人的力量去做。但他們是否能達的成敗是靠命運，命運不是有主宰者，而是自然之道。〈力命篇〉：

「墨尿、單至、嘽咺、憋憋四人相與游於世，胥如志也；窮年不相知情，自以為智之深也。巧佞、愚直、婩斫、便辟四人相與游於世，胥如志也；窮年而不相語術；自以巧之微也。獟忮、情露、謰極、凌誶四人相與游於世，胥如志也；窮年不相曉悟，自以為才之得也。眠娗、諞諼、勇敢、怯疑四人相與游於世，胥如志也；窮年不相謫發，自以行無戾也。多偶、自專、乘權、隻立四人相與游於世，胥如志也；窮年不相顧眄，自以時之適也。此眾態也。其貌不一，而成之於道，命所歸也。」

這裡說追逐智、巧、才、行、時五項名利的十組一正一反的二十種類型的人物，他們有那麼不一樣的型態，乃是「包含在自然之道，命運之所歸」的。

由列子，再來看王充，《論衡》八十五篇中，到處充滿著自然的定命論，尤其第一篇〈逢遇〉到第十五篇〈奇怪〉為甚，而且也談力命。《論衡·命祿篇》：

「仕宦貴賤、資產貧富，命與時也。命則不可勉，時則不可力。」

命、時決定世人貴賤、商人貧富，非勉、力所能改變。這與上面說過的《列子》「農赴時」章思想完全一致。

北宋詞人晏殊便發現《列子·力命》與《論衡·命祿》的關係，可謂超世之卓識⑲。可惜至今鮮能注意到兩書的關係。我們很容易從兩書中找到關於定命論的相同思想，甚至相同文句。

《列子·力命》：

> 東郭先生曰：「汝（西門子）之言厚薄不過言才德之差，吾之言厚薄異於是矣。夫北宮子厚於德，薄於命；汝厚於命，薄於德。汝之達，非智得也，北宮子之窮，非愚失也，皆天也，非人也。……」

《列子·說符》：

> 「魯施氏有二子，……施氏曰：『凡得時者昌，失時者亡，子道與吾同，而功與吾異，失時者也，非行之謬也。且天下理無常是，事無常非。先日所用，今或棄之；今之所棄，後或用之，此用與不用，無定是非也。……』」

再看《論衡·命祿》：

> 「是故才高行厚，未必保其必富貴；智寡德薄，未可信其必貧賤；或時才高行厚，命惡廢而不進；知寡德薄，命善興而超踰。」

《論衡·逢遇》：

「操行有常賢，仕宦無常遇。賢不賢，才也；遇不遇，時也。才高行潔，不可保以必尊貴，能薄操濁，不可保其必卑賤。」

又如前面《列子》所說的管鮑善交的史事，《論衡》〈吉驗篇〉、〈初稟篇〉也加以引用。尤其「農赴時」章，《論衡·狀留》也有相近的文字。

「且賢儒之不進，將相長吏不開通也，農夫載穀奔都，賈人齎貨赴遠，皆欲得其願也，如門郭閉而不通，津梁絕而不過，雖有勉力趨時之勢，奚由早至以得盈利哉！」

今天，尚不敢斷定《列子》與《論衡》有何明確的關係。然而，一個地理上的線索，值得推敲。

在上面引到的二十種類型人物之名，都是雙聲或疊韻的聯緜字。不少見於揚雄《方言》，而且是長江流域的方言。

《方言》十：「嚜（墨），……江湘之間，或謂之無賴。」

《方言》一：「凡怒而噎噫謂之脅閾，南楚江湘之間，謂之嘽咺。」

《方言》十：「揚、越之郊，凡人相侮，以為無知，謂之聑。聑，耳目不相信也，或謂之斫。」

《方言》十：「江湘之間，或謂之狟。」

《方言》十：「讓極，吃也。楚語也。」

《方言》十：「眠娗……欺謾之語也。楚郢以南，東揚之郊通語也。」

《方言》十：「南楚之南，凡相非議人謂之譴。」

按黃老之術，是起於長江流域的楚國，《列子》屢屢出現的「黃帝書曰」「粥熊曰」「關尹曰」，都是屬於南方的道家傳言。最近出土的《黃帝四經》的用語，被證明是屬於江淮地區的楚方言系統⑳。王充也是江南的會稽上虞人。這顯示著《列子》的早期編作者和王充都受到南方的黃老思想的影響。劉向《列子新書敍錄》說：「其學本於黃帝、老子。」是正確的。《列子》的部分，可確信是西漢或先秦南方黃老學派學者所作。

另外，在《列子》八篇之篇名中，首尾兩篇為〈天瑞〉與〈說符〉，這與其他六篇以篇首文字命名不同。〈天瑞篇〉就是天降祥瑞，也即是瑞應、符應；〈說符〉則是解說符應。但兩篇卻未談符應，也沒有五行讖緯，相反的正反對天人感應。〈說符篇〉談「治國之難在於知賢而不在於自賢」的治國之道，這倒與申不害、愼到等兼學道法的學者相近㉑。特別是「齊田氏祖於庭」章，鮑氏之子曰：「天地萬物與我並生，類也。類無貴賤，徒以大小智力而相制，迭相食；非相為而生之。人取可食者而食之，豈天本為人生之？且蚊蚋嘬膚，虎狼食肉，非天本為蚊蚋生人虎狼生肉哉？」强烈的反對上帝為人造物的目的論，這在中國哲學史上是

很傑出的論據。王充《論衡・物勢篇》，也反映出同樣的思想。

三

　　《列子》的文字，固然大多是劉向以前的作品，但也不是沒有魏晉人所夾雜進去的文句。如〈湯問篇〉「周穆王西巡狩」章的偃師假人⑫，也有可能是魏晉人補上的按語，混入正文的，如〈湯問篇〉「周穆王大征西戎」章的「皇子以爲無此物」以下㉓等等。魏晉補作的不會很多，可是仍然被視爲魏晉僞書，主要原因是列子想確有反映魏晉社會和士族思想的地方。然而，思想的符合，並不等於是魏晉人所作。以下舉出兩項被認爲是反映魏晉思想的題目來討論：

理想社會

　　先秦以來，道家都是要擺脫動盪的現實世界，追求一個寧靜的理想社會。《老子》有「小國寡民」（八十章）；《莊子》有「建德之國」（〈山木篇〉），但說得比較簡略空泛。唯獨《列子》的「華胥氏之國」，「終北國」說得詳細又浪漫。〈黃帝篇〉：

　　「（黃帝）晝寢而夢，遊於華胥氏之國。華胥氏之國在弇州之西，台州之北，不知斯齊國幾千萬里，蓋非舟車足力之所及，神遊而已。其國無師長，自然而已。其民無嗜慾，自然而已。不知樂生，不知惡死，故無夭殤，不知親己，不知疏物，故無愛憎；不知背逆，不知向順，故無利害；都無愛惜，都無所畏忌。入水不溺，入火不熱。斫撻無傷痛，指摘無痛癢。乘空如履實，寢虛若處牀。雲霧不硋其視，雷霆

不亂其聽，美惡不滑其心，山谷不躓其步，神行而已。」

〈湯問篇〉：

「其國名曰終北，不知際畔之所齊限，無風雨霜露，不生鳥獸、蟲魚、草木之類。四方悉平，周以喬陟。……土氣和、亡札厲。人性婉而從物，不競不爭。柔心而弱骨，不驕不忌；長幼儕居，不君不臣；男女雜游，不媒不聘；緣水而居，不耕不稼。土氣溫適，不織不依；百年而死，不夭不病。其民孳阜亡數，有喜樂，亡衰老哀苦。其俗好聲，相攜而迭謠，終日不輟音。飢倦則飲神瀵，力志和平。……」

在理想國生活的人們，沒有親疏、愛恨，沒有嗜欲、競爭，不必勞苦，不會生病。尤其是「其國無師長」「不君不臣」，沒有統治者的壓迫，這表示《列子》中所嚮往的仍是原始的氏族社會。

中國從後漢桓靈起，士人災難逐漸加重，先有黨錮之禍，接著孔融、禰衡遇害。曹丕篡漢後，司馬家在內部奪權，首屠殺何晏家族，次殺嵇康。入晉後，更是殺伐不盡，士人難有全身者。因此，士人莫不要希求一個心靈上的天堂。《列子》的華胥氏之國，終北國逐填補了他們的空虛。同時，他們也不斷創造自己的理想社會，阮籍、鮑敬言的無君世界㉔；嵇康、郭璞的遊仙世界㉕；支遁的西方天國㉖；乃至於東晉晚年陶淵明的桃花源。都是以脫離黑暗現實社會為前提的。

享樂主義

列子最為人垢病的是被稱為享樂主義，或縱欲主義的思想。主要的材料在〈楊朱篇〉。

〈楊朱篇〉的主旨是「知生之暫來，知死之暫往，故從心而動，不違自然所好。」這段話就貴族門閥而言，如果沒有節制，難免要走向享樂和縱欲。讓天生的器官，以自然為名，來發洩它的功能。如公孫朝、公孫穆兄弟、端木叔之流一樣的放縱。然而，我們從整體資料看，似乎有反諷的作用，文章故意誇張他們的放縱，來抨擊假借仁義的當權派之偽善。他們攻擊政治的束縛，禮教的虛偽，並幻想著無君的社會。朝穆兄弟說：「以我之治內，可推之於天下，君臣之道息矣。」可見是痛恨有君臣的政治結構。端木叔在世瘋狂享樂，並散財宗族邑里國人，還沒死之前，就化盡庫藏，不為子孫留財。年老生病死亡，他認為是自然的。所以，沒有為自己留下醫藥和埋葬的錢。這與在生既縱欲，怕死怕鬼，死後又厚葬，祿位財產皆要傳之子孫萬代的帝王貴族有很大的不同。學者只看到《列子》有鼓吹縱欲的反面作用，而沒有看到《列子》有反對統治者的虛偽，反對鬼神、厚葬，反對世襲私有制的正面意義。所以，段干生贊許端木叔說：「達人也，德過其祖矣。其所行也，其所為也，眾意所驚，而誠理所取。衛之君子多以禮教自持，固未足以得此人之心也。」

先秦的楊朱學派，也肯定人器官功能的作用。在《呂氏春秋》中保留一些楊朱的思想。〈本生篇〉：

> 「今有聲於此，耳聽必之慊，已聽之則使人聾，必弗聽。有色於此，目視之必慊，已視之則使人盲，必弗視。有味於此，口食之必慊，已食之則使人瘖，必弗食。是故聖人之於聲色滋味也，利於性則取之；害於性則捨之，此全性之

道也。」

人可以追求聲色滋味，但必須對自己有利為條件。而且，不能放縱物欲。〈本生篇〉又說：

> 「世之貴富者，其於聲色滋味也，多惑者。日夜求，幸而得之則逸焉。逸焉，性惡得不傷？萬人操弓，共射其一招，招無不中。萬物章章，以害一生，生無不傷；以便一生，生無不長。」

〈重己篇〉：

> 「凡生之長，順之也；使生不順者，欲也，故聖人必先適欲。」

聲色滋味，如果日夜求，一定會傷害性命。所以，一定適欲，就是節制欲望。這樣就與〈楊朱篇〉有所不同。

〈楊朱篇〉並非先秦楊朱學派思想，但也未必是魏晉所作，更何況它有反諷的寄寓。對亂世的絕望，而產生人生無常及時行樂的思想，在東漢就瀰漫在知識份子的腦海了。古詩十九首有不少的資料。

> 〈青青陵上柏〉：「人生天地間，忽如遠行客，斗酒相娛樂，聊厚不為薄，驅車策駑馬，遊戲宛與洛，……極宴於心意，戚戚何所迫。」

〈今日良宴會〉：「人生寄一生，奄奄苦飆塵，何不策高足，先據要路津，無為守窮賤，轗軻長苦辛。」

〈生年不滿百〉：「生年不滿百，常懷千歲憂，書短苦夜長，何不秉燭遊，為樂當及時，何能待來茲。愚者愛惜費，但為後世嗤。」

這些詩悲觀厭世，要及時行樂，被認為是桓靈及其後的作品㉗，大概是屬於中層讀書人或小吏所作。獻帝時進步的思想家仲長統在晚年心灰意冷，就提倡逍遙享福的人生觀。〈樂志〉：

「名不常存，人生易滅……優游偃仰，可以自娛，……使居有良田廣宅……舟車足以代步涉之艱，使令足以息四體之役，養親有兼珍之膳，妻孥無苦身之勞，良朋萃止，則陳酒肴以娛之，嘉時吉日，則烹羔豚以奉之，躊躇畦苑，遊戲平林，……逍遙一世之上，睥睨天地之間。」㉘

這除了沒有女色之外，與〈楊朱篇〉只有程度之別，享樂則一。仲長統也認為官吏該享受就要享受，否則就是虛偽、違反天性。他的《昌言・損益篇》說：

「彼君子居位，為士民之長，固宜重肉累帛，朱輪四馬；今反謂薄屋者為高，蔬食者為清，既失天地之性，又開虛偽之名，使小智居大位，庶績不咸熙，未必不由此也。」

如此看來，西晉以後如石崇、王愷等靡爛的風尚，如果要有

理論的依據，則不一定是「反映魏晉思想」的《列子》了。

此外，在東漢也有口言仁義，而身求享樂的上層人物，經學家馬融，一面說：「察淫侈之華譽，顧介特之實功。」而生活卻是「達生任性，不拘儒首之節，居宇器服，多存侈飾，常坐高堂，施絳紗帳，前授生徒，後列女樂，弟子以次相傳，鮮有入其室者。」㉙。如果《列子·楊朱篇》有反諷，對象大概是馬融這種人了。

曹魏，嵇康作《養生論》，主張「清虛靜泰，少私寡欲。」但他畢竟承認人性有情欲嗜好。他反對六經抑制人性，反對仁義偽裝真理。他的《難自然好學論》說：「六經以抑引為主，人性以從欲為歡。」而向秀的《難養生論》乾脆就倡導「服饗滋味，以宣五情；納御聲色，以達性氣。」

由此觀之，列子既不是魏晉享樂主義的理論依據，也未必就是魏晉士族生活的反映㉚。中國向來維護既得利益政權的思想家，都不敢正面承認人欲是人的本性，唯有反主流的思想家，才敢肯定人欲的存在，人欲的橫流，不是人欲本身的問題。從西晉到南北朝帝王貴族荒淫無恥，其原因有多方面的歷史條件，與《列子》書是無關的。

四

今本《列子》是經過漫長時代而編集起來的，原始材料雖然很複雜，主要還是戰國或秦漢之交作品。其中關於哲學思想的材料，是屬於南方黃老學派的。西漢末劉向加以整理，定為《列子》八篇，他的序已認為「其學本於黃帝老子，……孝景皇帝時，貴黃老之術，此書頗行於世。」東漢後長期變亂，《列子》散失，司

馬家南渡，張湛的祖父張嶷多方蒐集，恢復了八篇，這當中可能混進了一些後漢曹魏人的文句，但絕非張湛或晉人的偽作。中國先秦古籍，無不是經過許多後人損益編成的，只是《列子》時間特長而已。我們剔除了《列子》書與先秦諸子相同而又與列子思想無關的部分，發現列子思想是屬於秦漢之交黃老學派的系統。從氣說、自生、虛靜，而推到自然定命論，都具有相當進步的成分，尤其與王充思想很接近。我們在哲學史上給予元氣說、反目的論者給予較高的評價，唯獨忽視了《列子》，斯乃偽書之名所累。處理哲學史時，則不妨把《列子》暫置於盛行黃老的西漢初年，與馬王堆《黃帝四經》同時。至於進一步真象的揭露，則有待考古新資料的出土了㉛。

註　釋

①1918 年陳三立在《東方雜誌》十四卷九號，發表〈讀列文〉一文，以為是季漢魏晉之士所依託增益。1919 年馬敘倫在《國故》一至三號，發表〈列子偽書考〉，以為是魏晉好事之徒，附益而成。

②列子約與子產同時。說見拙作《列子讀本》壹列子其人。

③如「涉及的範圍比較廣泛」（自序稱）的侯外廬等著的《中國思想通史》。

④我以為《列子》的材料，部分是從《莊子》五十二篇本蒐集進來的。見拙作《列子讀本》貳列子其書。

⑤在「濁重者下為地」下，張湛注：「此一章全是周易乾鑿度也。」

⑥在《太平御覽》天部亦引，也稱「易乾鑿度曰」。

⑦《玄圖》佚文，見《太平御覽》天部。

⑧漢魏晉時，太素一詞，又指樸素。《淮南子》俶真訓：「偃其聰明而

抱其太素。」班固〈兩都賦·東都賦〉：「昭節儉，示太素。」何晏
〈景福殿賦〉：「絕流道之繁禮，反民情于太素。」

⑨按尚有下文，以文意無關而略去。列子對長廬子的這一段話並沒有
反對，只是認為要超越天地的壞與不壞之外。

⑩指在齊國稷下講學的道家或道法家學者，其著作見於《管子》〈心術
上〉、〈心術下〉、〈白心〉、〈內業〉》四篇。有以為宋鈃、尹文所作。
也有以為是慎到、田駢所作。此外，也包括馬王堆漢墓的道家佚
書，或稱《黃帝四經》的資料等。

⑪王充《論衡·自然篇》：「雖違儒家之說，合黃老之義也。」

⑫〈仲尼篇〉引關尹喜曰：「在己無居，形物其箸。其動若水，其靜若
鏡，其應若響。故其道若物者也。物自違道，道不違物。……」

⑬按《莊子》也有自生的觀念。〈齊物論〉：「夫天籟者，吹萬不同，而
使其自己也，咸其自取，怒者誰邪。」在宥：「汝徒處無為，而物
自化，……物固自生。」但《莊子》無「不得不」的必然性。「種有
幾」章又見《莊子·至樂篇》，文較簡略。

⑭據《晉書·裴頠傳》引。

⑮郭象注《莊子·大宗師》：「人之所困者也，天也。天之所生者，獨
化也。人皆以天為父，故晝夜之變，寒暑之節，猶不敢惡，隨天安
之；況乎卓爾獨化，至於玄冥之境，又安得而不任之哉？既任之，
則死生變化，惟命之從也。」

⑯《荀子·解蔽》：「虛一而靜，謂之大清明。」《韓非子·揚權》：
「虛以靜後，未嘗用己。」

⑰出土帛書《老子》乙本卷前有古佚書四種，即《經法》《十大經》《稱》
《道原》。唐蘭以為即《漢書·藝文志》的《黃帝四經》。釋文見 1974
年十期《文物》。

⑱楊伯峻以為「舞仁義」的「舞」字用法，是西漢才有的。說見《列

子集釋》附錄三的二十一。

⑲晏殊有「列子有力命王充論衡有命祿極言必定之致覽之有感」一詩，詩全文：「大鈞播羣物，零茂歸自然，默定既有初，不爲智力遷，禦寇導其流，仲任派其源，智愚信自我，通塞當由天，宰世曰皋伊，迷邦有顏原，吾道誠一，彼塗鍾百端，卷之入纖豪，舒之盈八埏，進退得其宜，夸榮非所先，朝聞可夕隕，吾奉聖師言。」見劉盼遂《論衡集解》附錄引《宋文鑑》卷十五。

⑳魏啓鵬〈黃帝四經思想探源〉引龍晦之說，《中國哲學》，第四輯。

㉑申不害《申子》、大體：「有道者不爲五官之事而爲治主，君知其道也，官人知其事也。」慎到《慎子·民雜》：「臣事事而君無事，君逸樂而臣任勞。」馬王堆漢墓老子甲本佚書《九主》也反對「主勞臣佚」。

㉒季羨林《列子與佛典》認爲鈔襲西晉竺法護譯的《生經》。日本的小林勝人《列子の研究》亦主此說。

㉓光聰諧《有不爲齋隨筆》、馬敍倫《列子僞書考》、拙作《列子讀本》等以爲皇子是曹丕。俞正燮《癸巳存稿》以爲全章皆僞。

㉔阮籍有〈大人先生傳〉，鮑敬言有〈無君論〉。

㉕兩人皆有「遊仙詩」，嵇康作〈大師箴〉寫眞樸無欺的社會。

㉖支遁是東晉名僧，他在〈阿彌陀佛像贊並序〉一文中記西方一個叫安養的佛國，見《廣弘明集》第十五卷。

㉗見隋樹森《古詩十九首集解》卷一考據。

㉘見《後漢書》列傳三十九〈仲長統傳〉。

㉙見《後漢書》列傳五十七〈馬融傳〉。

㉚劉向《列子新書敍錄》：「楊子之篇，唯貴放逸」則今本〈楊朱篇〉似爲西漢以前所有。

㉛本文與拙作 1973 年的〈列子研究〉及 1908 年的《列子讀本》，有許多

不同的觀點，特此附注。

（1984 年 6 月寫於日本京都）

（1986 年 3 月　日本京都大學中國哲學史研究第 8 號作〈列子
與漢魏思想〉）

列子校正

天瑞篇第一

沖和氣者爲人

「沖和氣」即是「沖和之氣」（《文選・西征賦》注引），指虛無不可見的陰陽兩氣調和而凝成人類，與《老子・四十二章》：「萬物負陰而抱陽，沖氣以爲和」義同。陶鴻慶以爲「沖」讀爲「中」，而與「上爲天」，「下爲地」相對成義（《讀列子札記》）。其實道家書中的「沖」（沖）字，都作「虛」解，唐代以列子爲沖虛眞人，《列子》書爲《沖虛眞經》，「沖虛」爲一聯合式的合義複詞。如果要與上文「天」「地」相對，則應作「和氣者中爲人」，「中」字移於「和」字之上，又涉《老子》「沖氣以爲和」而誤爲「沖」，這雖然有可能，但缺乏證據。

種有幾

種爲物種，就本章內容看，實指生物，「幾」，通「機」，即章末「皆出於機皆入於機」的機，指生機、化機、演化。但就全章文義、文法看：「幾」應是一物的名詞，是「種有幾」這有無句的止詞，又是「得水⋯⋯」的起詞（「若䖔爲鶉」爲衍文時

——依劉文典《莊子補正》）。馬敍倫《莊子義證》：「幾者，說文曰：『微也。從二幺。』『幺，小也。』……是幾者，謂種之極微而萬物所由生者也。」是「幾」的本義爲極小的原生物質。

大胥

張湛說是龜鱉之類，但就上下兩句看，兩「其」字應該都是蜂，大胥，疑是大黃蜂。

羊奚比乎不筍久竹生青寧

「羊奚」以下至「入於機」又見《莊子・至樂篇》，但文句略有不同。王叔岷據《太平御覽》改爲：「羊奚比乎不筍久竹，不筍久竹生青寧。」（《列子校釋》），甚是。唯「比乎」於義欠妥，依上文例似作「生乎」，《莊》《列》書都沒有「比乎」的句子。

終進乎不知也

陶鴻慶疑「知」爲「始」字之誤（見《讀列子札記》），不可信。因爲以下二句「道終乎……，進（盡）乎……」明明是在分述「終、進（盡）」二字，斷不可能以「終進乎不始也」單獨成句，如此則與「道終乎本無始」意義重疊，而「也」字明是覆句的語尾。另外《莊》《列》書未有作「不始」一詞的，只有「未始」「無始」，《莊子・則陽》：「未嘗不始……」，「不」是連上讀的。

無貴也

以下疑有脫文，據上下文義和張湛的注，可能是「曰：『虛爲名乎？』」或類似的文字。若以「子列子曰」爲衍文，則「非

其名也」與上文「虛者無貴也」不相銜接。

積形

就全章文義看，「形」宜作「塊」。

黃帝篇第二

故無夭殤

上下三組句子，都是一正一反，「不知樂生，不知惡死」，所以「夭殤」，應作「壽夭」。張湛注：「理無生死，故無所樂惡。」可證。

都無所愛惜

王重民說：「惜當作憎，字之誤也。上文云：『不知親己，不知疏物。』故無愛憎，此正承以為說，若作惜，則非其義矣。」（《列子校釋》），王叔岷從之。按「愛惜」與下文的「畏忌」對文，是總結上面三組句子的，「愛惜」的包括「壽」、「愛」、「利」。「畏忌」的包括「夭」、「憎」、「害」。故二王所說不確，應仍作「惜」字。

愿愨

愨本字為「慤」，「愿」與「慤」二字說文都解為「謹」，互訓。

而已無惡

「已」，應作「己」，與上文「而物自足」的「物」相對。

心凝

張湛注與盧重玄解皆作「神凝」。《莊》《列》書有「神凝」或「凝於神」者，而沒有作「心凝」。疑唐以前《列子》舊本作「神凝」。

迕物而不慴

「迕」為「遻」的異體字，說文：「遻，相遇驚也。」，此處用本義。

封戎

《莊子‧應帝王篇》作「封哉」。但崔譔本仍作「封戎」，云：「封戎，散亂也。」（《釋文》引）。本文仍宜作「封戎」，戎與下文的「終」為韻，古為侵部，收 -m 音。

其國人數數解六畜之語者

兩「數」字，疑上「數」字為衍文，下「數」字作「不少」解。

周穆王篇第三

衣阿錫

「阿」為「羅」的假借字，即細絹。「錫」為「緆」的假借字，即細布。《漢書‧禮樂志》如淳注：「阿，細繒；錫，細布。」又胡懷琛說：「阿謂齊東阿縣，見《李斯傳》徐廣註。『阿錫』與『齊紈』對文。」（《列子‧張湛注補正》）。按《史記‧李斯

傳》作「阿縞」，不作「阿錫」，若以阿爲地名，則本文的「阿錫」不能與「笄珥」對文。胡說存疑。

……而封之以詒後世

上文，〈穆天子傳〉卷二作「辛酉，天子升于昆侖之丘，以觀黃帝之宮，而封豐隆之葬，以詔後世。」豐隆是雲師，又是雷公。意思是說：增高豐隆的墓土，然後以傳告後人。疑《列子》「封」字下也脫「豐隆之葬」四字。林希逸說：「封，猶封禪也。」（《列子·口義》）是很勉強的解釋。

榮汝之糧

張湛注：「榮，棄也。」不能解。榮是「攍」或「贏」的假借字，是擔負的意思。古音都是庚韻。《荀子·議兵篇》：「贏三日之糧。」注：「贏，負擔也。」《方言》七：「攍，儋（擔）也。齊楚陳宋之間曰攍。」《廣雅·釋話》：「攍，負也。」陶光以爲假借爲「籯」，是以器受糧而負之（《列子校釋》）。意思差不多。

仲尼篇第四

北面拜手

楊伯峻說：「『拜手』連文不辭，拜當作𢪙，拜𢪙形相近而誤也。𢪙又作拜……說文：『𢪙，竦手也。重文拜。』……即今拱字。」（列子集釋）按說文作𢪙（甲金文相同）的共（拱）字，與拜手的「拜」字不同，金文及經傳（如《尚書·召誥》）時見「拜手稽（頣、頭）首」一句，「拜」金文多作「𥬿」，亦有作

「⿰扌犮」（如「師㩦簠」），皆像以手拔花草之形（另有異說），後引申為「拜手」之拜，即下跪俯首到拱手之處（未叩地），也就是說文的「⿰⿱⿰⿱，首至手也」的「⿰扌犮」字，隸定為「拜」。所以「拜」為正字，不必改字。

> 「無所由而常生者道也由生而生故雖終而不亡常也由生而亡不幸也有所由而常死者亦道也由死而死故雖未終而自亡者亦常也由死而生幸也故無用而生謂之道用道得終謂之常有所用而死者亦謂之道用道而得死者亦謂之常。」

「由死而生幸也」，「幸」上依殷敬順《列子釋文》補「不」字。

「無用」，疑為「無所由」。「由」「用」隸楷都極為相近，很可能「由」誤為「用」。「所」字因與下文「有所用」對文而加。以下三個「用」字都作「由」。

「生」下，與「謂」上之間，疑脫「者」字，以與下文「而死者」對文而加。

「道」下與「得」上之間，疑脫「而」字。

「得終」的「終」字，疑係「生者」之誤，以與下文「死者」對文而改。

以上九十四個字，因文字頗為雜沓，陶鴻慶有相當的增刪，他說：「此節詞繁而義隱，傳寫易致譌謬，復經淺人竄改，遂成今本之誤。」他刪「不亡者」的「者」字，和「自亡者亦常也」的「亦」字。「有所由而常死者」的「有」改為「無」。把「故無用而生」改為「有所用而生者亦」，把「用道得終」改為「用道而得生者亦」。按包括《列子》的道家思想，認為生命原是假

象，生死本是一物兩面的循環，難有界線。《天瑞篇》：「死之與生，一往一反，故死者於是者，安知不生於彼？」又：「生之所生者死矣，而生生者未嘗終。」這就是「復命曰常」的「常」。本章即是反覆申論這個主題，像《天瑞篇》強調「生物者不生，化物者不化」一樣是不憚其煩的，絕不能以一廂情願，加以改字，以求文字整齊，內容變化。上文分為兩組，每組兩節；第一組兩節各有三判斷句，由「道也」「常也」「不幸也」各二詞作省去繫詞的謂語。前一節是說生，後一節是說死，意思相反，在各自的主語中如「無」「有」、「生」「死」、「終」「未終」……都是相對的，由生死觀的一致，謂語則應全相同。陶鴻慶以為「由生而生」是賢哲，「由死而死」是桀跖，把生死與賢哲、桀跖作不同價值的判斷，是不合於道家思想的。《莊子·大宗師》說：「與其譽堯而非桀，不如兩忘而化其道。」是其證。〈力命篇〉以為依乎自然天命而生死的是天福，不依乎自然天命而生死的是天罰，本章說能依乎自然而生死卻不依自然去生死，這當然不是福，而是不幸了。第二組，除虛字及「終」字不得對「死者」之外，文義可通，不必大量改字。

伯豐子

疑即〈天瑞篇〉中列子弟子百豐，伯通百，《穀梁傳》僖公三十三年的「百里子」釋文：「『百』字或作『伯』」。果然，則上面「圃澤之役」，實指「列子之徒」。

而無相位者

俞樾說：「『位』當作『涖』，涖，臨也。」（《列子·平議》）按鴻臨與役使意義相近，位，當職位講，在文中既可通，實不必

改字。

不辭而受之

俞樾拘於傳統舊說，而曲護舜，解「辭」爲「詞」，就是不說話而接受，並改《尚書·堯典》「舜讓于德弗嗣」的嗣爲辭，何其用盡心機。按「不詞而受之」於義不通，本章主旨在強調「不識不知」的無爲政治，而不在禪讓，禪讓只是描寫堯甩掉累贅的帝位而已。至於舜，六朝人由於曹丕向劉協（獻帝）逼宮，而引起知識份子如嵇康等人對禪讓的懷疑，當時已流傳「舜放堯於平陽」「堯德衰，爲舜所囚」（《竹書紀年》）的說法，本書爲六朝人所編，說舜「不辭（拒絕）而受之」也是很平常的事。

湯問篇第五

八方有極盡乎

王叔岷：「釋文本注『盡』作『畫』，疑當從之。」（《校釋》）按問的事是「有極有盡」，答的也是「有極有盡」，是「盡」字，絕不是「畫」字。

有則有盡

陶鴻慶：「『有則有盡』下『有』字，亦當作『無』。『有則無盡』者，即公孫龍所謂『有留不盡……』。下文『無極之外……無盡之中……』即承此言。」按陶氏沒有搞清文義而妄自改字。湯問：「上下八方有極有盡嗎？」革答：「上下八方本是虛無的，所以無極無盡，如果是實有、則就有極有盡，（有極有盡），我怎麼能知道呢？」《莊子·則陽》：「君以意在四方上下有窮乎？君曰

無窮。」與此義同。以下雖然強調「無極無盡」，但卻是可知的，而「有極有盡」是不可知的。可見仍作「有盡」，不可改爲「無盡」。

剮其肉而棄之

「剮」應依釋文作「咼」（冎），俗作剮。《說文》：「咼，剔人肉，置其骨也。」本文是用「冎」字的本義。墨子節葬篇作朽，朽是「歹」（腐也）的異體。見說文歹部。

柱指鈞弦

張湛注：「安指調弦。」按柱沒有安的意思，「柱」字應從殷敬順釋文所說的「一本作住」的「住」字。「住指」是停住手指，就是不用手指來調弦，與下文「三年不成章」都是否定句，同時這樣才能與下面的「非弦之不能鈞」「不敢發手而動弦」的意思相合。後兩句根本就是說：沒有用手調弦。柱與住古可借用。《後漢書·鄧禹傳》：「輒停車住節。」李賢注：「住或作柱。」鈞，據《國語·周語》下韋昭的注有調的意思。

將終命宮

「命」字意義欠通，依上文例，疑是「叩」字之訛。

二年之後雖錐末倒眥

王重民：「御覽七四五引『二年』作『三年』，『倒』作『到』，又八二五引亦作『到』，疑作『到』者是也。」按下文有「三年之後，如車輪焉」似以「三年」爲是，但「倒」字不必改，亦可通，錐倒立尖向下刺眥，即「倒於眥」的意思，不一定要改爲來到的

「到」。而「到」亦爲「倒」字的初文。

朔蓬之簳

楊伯峻：「『朔』字當爲『荊』，形近而誤，《考工記》：『燕之角，荊之幹，此材之美者也。』即本文所本。」按《考工記》「此材」之上，尚有「妢胡之笴，吳粤之金錫」二句，疑「妢胡之笴」即指「朔蓬之簳」，妢胡人即住在朔方，笴與簳相通，「荊之幹」是另有所指。如果說「荊」與「朔」形近，還不如說「朔」是「胡」的訛字。

形甚露

張湛注：「有膽氣而體羸虛。」楊伯峻遂引《左傳》昭公元年杜注：「露，羸也。」而以「羸」解「露」。按「露」雖可解爲「羸」，兩字聲母相同，都是來母字，可假借通用。但下文「醉而露我」的「露」字作「羸」解，卻不很妥當。因爲「露我」是指「醉偃於牖下」，是表示醉後暴露窗下，沒有移進寢室，以致喉腰受風寒。黑卵不知來丹殺他，更非強調因羸弱而不能抵抗之意，所以「露」還是作「裸露」講好些。此處說：「形甚露」是指「外形骨露」。與下文的「露」都作一義解。「裸」，亦來母字，說文作「臝」，與「羸」都從臝得聲。

垢則布色

「布色」《孔叢子·陳士篇》作「灰色」，疑作「灰」者爲是，「布」是涉上文「布則火色」之布，形似而誤。

力命篇第六

季氏富於展禽

此句與上句不對稱，下文說「貧善而富惡」，則「展禽」一詞，似應易以地名。

此厚薄之驗歟

「此」下，疑脫「將」字，依下文西門子第二次所言文例而補。

世族年貌

前文北宮子謂西門子曰，沒有說到「年」，似是前文漏了一句「並年也⋯⋯」。或由於「世族」「言行」是複詞，而「貌」是單詞，而補上「年」的。

不可以生不可以死

應作「可以生可以死」。陶鴻慶說：「兩『不』字衍文，本作『可以生，可以死，或死或生，有矣。』言可以生而或死，可以死而或生也。張注云：『此義之生而更死，之死而更生者也。』是其所見本無兩『不』字。上文云：『可以生而不生，天罰也；可以死而不死，天罰也。』」陶氏說得對，「可以生，可以死，得生得死，有矣」是在歸納天福；「可以生，可以死，或生或死，有矣。」是在歸納天罰，如加兩「不」字，意思成了：可以死，可以生，或死或生，有矣。則與上句相同，怪不得張湛疑其重出。陶光也看出來，他是把「生」「死」兩字易位，作「不可以死，

不可以生。」意義雖可，但上文天福天罰都作肯定句，沒有
「不」字，所以仍從陶鴻慶之說。

請醫

　　王重民：「《御覽》七三八引『請』下有『謁』字，謁亦請也；蓋
謂請於其父而請醫。下文『終謁三醫』即其事也。若無謁字，則語
義不明。」按請謁爲複詞，《荀子・王霸》：「俳優侏儒婦女之請
謁以悖之。」《韓非子・八姦》：「故財利多者，賈官以爲貴：有
左右之交者，請謁以成重。」請謁都作請求、尋求的意思，而下
文「謁三醫」也是季梁子自請，所以不論是「請」或「請謁」都
指季梁子，不必繞圈拐彎。本文作「請」，不必增「謁」字。

言兄弟也

　　俞樾：「『言』字無義，當從釋文作『訾』。《管子・君臣上》：
『吏嗇夫盡有訾程事律』，即此訾字之義。官秩貴賤必視『訾程』爲
準。『訾兄弟也』，正與下文『貴賤父子也』相應。殷敬順不達訾字
之義，而以爲當作貲財字，則下當言『貧富』，不當言『貴賤』
矣。」按「訾程」是事情的程限、次第，若用之於句子解，則作
階級、官秩，全句解則爲「階級如兄弟」，與下文的「貴賤」意
思完全重疊，所以還是依殷敬順釋文：「訾當作貲財字，一本作
言。」貲，是財富、錢財。錢財相同，而貴賤卻不同，就是命，
這才是作者的思想，要是把「貴賤」改爲「貧富」，則話是說不
通的。所以俞樾所說不確。文中作「言」，是「訾」的缺字（掉
「此」），「訾」，假借爲「貲」，《漢書・司馬相如傳》：「以
訾爲郎。」注：「訾讀與貲同，財也。以家財多，得拜爲郎
也。」此外，若仍作爲「言」解釋，並非絕不可通，如本篇二章

「並言也，而人子庸。」可證。

動若械

「械」是「駭」的假借字。俞樾說：「『械』字無義。《釋文》：『本又作戒』，實皆『駭』之假字也。周官大僕『始㘰戒鼓』，故書『戒』爲『駭』。《列子》原文蓋亦叚戒爲駭，而寫者又從木作『械』耳。『居若死動若駭』，即『處女脫兔』之意。」王叔岷反對俞說，他說：「至人『心如死灰』，故『居若武』；形如『槁木』，故『動如械』……《莊子・庚桑楚》：『動不知所爲』，亦『動若械』之意。」則知王氏以戒爲齋戒、愼戒的意思。按本文在強調用命運來取消事態的區別，不是發揮「身若槁木之枝而心若死灰」的意思。「居（靜坐）若死」與「動若械」必然是相對的，所以下文的「居」「動」，分兩組說明。駭，經典又作「駴」，駴，又通「戒」或「械」，古音都相通。本篇下文「佹佹」章：「不駭外禍，不喜內福，隨時動，隨時止。」《釋文》：「駭作駴。」正與本文相合，俞氏所說爲是。

不以衆人之觀

陶光說：「『觀』假爲『勸』，下同。」按前文稱「貌兄弟也」「愛憎父子也」，觀是看容貌，則仍以「觀」爲是。

墨尿

欺詐。《方言》十：「嘽（墨）尿……江湘之間，或謂之無賴，……小兒多詐而獪，謂之央亡，或謂之嘽尿。」又《廣雅・釋詁》二下：「嘽、尿……欺也。」嘽、尿都有欺意。疊韻，古韻脂部。

單至

輕動。喻無心機，與「墨杘」相反。盧重玄解：「輕動之
狀。」集韻：「輕發之貌。」陶光則以「單至」通「憚怚」，是
驚懼的意思，恐怕不是。「單」音戰，與「至」，雙聲，章母
字。

嘽咺

方言一：「宋衞之間，凡怒而噎噫謂之脅閲，南楚江湘之
間，謂之嘽咺。」噎噫是嘆息的意思，引伸有迂緩的意思。嘽
咺，疊韻，古音元部。又作嘽、哩緩。

憋憨

《方言》十：「憋，惡也。」注：「憋怤，急性也。」憋憨，
即憋怤。雙聲、滂母。又作鷩鵯鶀、怭朴、薛暴、怭薛。

媏斫

《方言》十：「揚、越之郊，凡人相侮，以爲無知，謂之耺。
耺，耳目不相信也，或謂之斫。」注：「斫，頑直之兒。」媏
斫，又轉爲媏嬻，各字疊韻，魚部。

便辟

《論語・季氏篇》：「友便辟……損矣。」集解引馬融：「便
辟，巧辟人之所忌，以求容媚。」便、辟，雙聲，並母。又作便
僻、便嬖、便譬。

獟忦

《方言》十：「江湘之間，或謂之獟。」注：「恐忦（王念孫廣雅疏證引作「忈忦」），多智也。」盧重玄：「頑戾強愊之狀也。」獟、忦，雙聲，溪母。

謰謱

《方言》十：「謰（譶）謱，吃（音ㄐㄧ）也。楚語也。」謱，又作愅。《說文》：「愅，忣（急）性也。」俞正燮：「謰愅，口吃。愅有急義。……蓋吃者語必多，又性欲急，語出蹇而亟。」按「謰」通「譶」、「謇」。謰愅，口吃的意思。又作謇吃、雙聲，見母。

凌誶

凌，凌厲；誶，責同。喻口才好，與「謰愅」相反。《莊子・徐无鬼》：「察士无淩（通「凌」）誶之事則不樂。」釋文：「淩，李（頤）云：謂相淩轢。誶，音信，廣雅云：問也。」淩，蒸部。誶，通訊，真部，都是陽聲舌音。

眠娗

《方言》十：「眠娗……欺謾之語也。楚郢以南，東揚之郊通語也。」《列子釋文》引《方言》郭璞注：「謂以言相輕蚩弄也」（今本方言無此句），是欺辱嘲弄的意思。眠，真部。娗，耕部，也都是陽聲舌音。

誰諉

《爾雅・釋言》：「誰諉，累也。」注：「以事相屬累爲誰諉。」誰、諉兩字都是累贅的意思，引伸有託、屬的意思，就是把事情推諉別人。疊韻，歌部。

得亦中

「中」，適中，得宜的意思。張注：「中，半也。」中並沒有半的意思，或許張氏就當時所見資料以及下文「全而亡喪」而推想的。其實對「量」與「不量」……等相對詞，並沒有加以肯定或否定，也沒有加以折中，不構成一半加一半的問題。周易同人：「柔得位得中，而應乎乾。」又蹇卦：「往得中。」得中，都是得宜的意思。而「中」也有「得」意，《周禮・地官師氏》：「掌國中失之事。」注：「故書中爲得。」所以「得亦中」「亡亦中」，都是「得」。

史孔

釋文作「艾孔」，晏子春秋諫上相同，孫星衍音義：「姓艾名孔。」按艾爲齊地，疑「史孔」應作「艾孔」，或史爲官名，姓艾名孔。

使有勇者而常守之

楊伯峻：「『而常守之』猶言『能常守之』，而、能古音同，故可通假。」按上文「使賢者常守之」，晏子春秋諫上引同，疑本句之「有」「而」二字都是衍文。

楊朱篇第七

惜身意之是非

　　「身意」疑是「當身」之誤。上文「遑遑……」一句，是要圖謀「死後」的餘榮；「偊偊爾順耳目……」一句，是要愛惜「當身」的是非。與下文的「當身之娛」及「死後之名」相對同例。當身，是指當身體還活的時候。或是原「當」字誤為「意」，然後再顛倒為「身意」。

當身之娛非所去也

　　俞樾：「『當身』乃『當生』之誤，下云：『死後之名非所取也』，『當生』與『死後』正相對。下文云：『且趣當身，奚遑死後』」按「當身」、「當生」、「當年」意思都相同，不必改字。

原憲窶於魯

　　楊伯峻：「『窶』當从『宀』作『寠』。《說文》、《玉篇》、《廣韻》、《集韻》、《韻會》皆作『寠』，不作『窶』。類篇作『窶』。《集韻》亦有『窶』字，而訓為甌寠。疑作『窶』者皆唐以後人所改，唐以前無窶字也。詩北門：『終窶且貧』，《爾雅》：『寠，貧也。』《曲禮》：『主人辭以寠』，《荀子‧堯問》：『是以寠小也。』，諸『窶』字皆當作『寠』。按「窶」字見於《爾雅‧釋言》外，尚見於字書者有釋名，而《集韻》尚說：「窶，一曰貧窶。」楊氏既稱經傳、諸子（荀子外，還有《莊子‧外物篇》：「抑固窶邪」）有「窶」字，而通通又給改作「寠」，無不有削足適履之嫌。（又

《漢書》寰字甚多），先秦已有的字，而《說文》不收的，比比皆是，不能說《說文》無，先秦就無，倒是「宀」與「穴」因形似義近而有互用之例，如本字「寰」與「寰」外，又如「窒」與「室」，「窔」與「窔」。

子產忙然無以應之

胡懷琛：「忙然今通作茫然。」按《釋文》：「茫然，茫音忙」，古無「茫」字、「茫」所以會寫成「芒」及「忙」，是涉「音忙」而誤。《列子·仲尼》：「子貢茫然自失。」即作「茫」字。

其生民之所欲爲

「其生民」欠通，疑「其」字爲衍文。

體偏枯

「偏」是「瘺」的通假字，《說文》：「瘺，半枯也。」偏枯是半身不遂，肢體癱瘓的意思。一體，一肢。

禹耕於河陽陶於雷澤

禹打漁、製陶的傳說，見於《墨子·尚賢中》、管子版《法解》、《韓非子·難一》、《呂氏春秋·愼人》、《尚書·大傳一》、《淮南子·原道訓》、《史記·五帝本紀》、《新序·雜事一》、《說苑·反質》、《抱朴子·袪惑》、《金樓子·興王篇》等書，大抵諸書都說：耕於歷山、陶於河濱、漁於雷澤。歷山，鄭玄說是在「河東」，今山西永濟縣東南，疑「河陽」（河南孟縣）係「河東」之誤。雷澤，是一條水，也在山西永濟縣東南，源出雷首

山，西南流入黃河，是可以打漁的水澤（非山東濮縣的雷澤）。
呂覽作「釣於雷澤」，疑「陶」字係「漁」或「釣」字之誤。

卑宮室美紱冕

「卑」釋文作「蔽」，任大椿也以為「卑」與「蔽」相通
（《列子釋文考異》）。陶光則以「蔽」易「美」，作「蔽宮
室」。按陶說雖於句義為長，但《論語・泰伯》：「子曰：『禹吾
無間然矣！菲飲食，而致孝乎鬼神。惡衣服，而致美乎紱冕。卑
宮室而盡力乎溝洫。禹吾無間然矣。』知「美」字不誤，孔子是
以自己的觀點說禹的食、衣、室，都很簡陋，而對祭鬼神、祭
服、治水卻能講求。但《列子》此文只強調禹一生憂苦，無關乎
「美紱冕」。《史記・夏本紀》只說：「薄衣食，致孝于鬼神，卑
宮室，致費於溝淢。」《說苑・反質》也只說：「卑小宮室，損薄
飲食。」兩句，疑「美紱冕」三字，原作「薄飲（或作「衣」）
食」）

雖毀之不知，雖稱之弗知

俞樾：「上文言舜禹周孔曰：『雖稱之弗知，雖賞之不知。』
則此言桀紂，宜云：『雖毀之不知，雖罰之不知。』」按「雖」下
之字，必不是「稱」，一如俞說，但是否為「罰」字則不可知，
只知是與「毀」同義的字。

其極遠也

王叔岷說：「《說苑・政理》、《金樓子・立言下》『其』下並有
『志』字，當從之。下文『何則？其音疏也。』『志』與『音』對言。」
又陶光說：「《說苑》作『其志極遠也』誤。《爾雅・釋詁》：『極，

至也。』言其所至遠也。後人或昧此義，以意增出『志』字耳。」
王氏說「志」與「音」相對甚是，但「志極遠」與「音疏」字數
不對，疑「極」爲衍文。

雖全身不可有其身

陶鴻慶：「上『身』字當衍。」據此，則下文的「雖不去物」
的「物」，應指上文「旣有」的「有」，只是「有」的賓語，還
是「物」罷了。

其唯聖人乎

陶鴻慶：「張注云失其讀。『其唯聖人乎』當連下讀之，乃倒
句也。……蓋旣嘆其聖，又許以至也。」陶氏係依殷敬順釋文
「從此句下『其唯至人矣』連爲一段」之說。陶光則以爲：「此句
仍當上屬，謂世所謂聖人，有其身，有其物，是橫私天下之身，
橫私天下之物，蓋譏彈之也。與上文言舜禹周孔之旨相承，道家
於儒之所謂聖人多如此，而貴眞人至人。」按陶說爲是，上章所
說的「四聖」追求的是「有其物，有其身」，是楊朱所唾棄的人
物，何況就句法看，此句絕應上屬。

此謂之遁人也

「遁」疑作「逆」或「迕」或「犯」。上文爲四事者是追逐
現實者，何遁之有？與張湛注：「違其自然者也。」不合，張湛
所見必非「遁」字，且「遁人」與下文「順民」不對稱，則依張
注「違」之意，疑「遁」字原作「逆」或「迕」（一寫
「迮」），形似「遁」而誤。又下一章以「犯性」與「順性」相
對，則也可能作「犯」，犯，亦違也。

説符篇第八

言美則響美言惡則響惡

于省吾以此兩「言」字及下文「愼爾言」的「言」字，爲「音」字（《列子新證》）按于氏所說太曲，言是從口發出的聲音，不必改字可通，尤其「愼爾言」並無錯誤。

愼爾行

「行」疑作「身」。本段的意思是：名是回響，行是影子，都不是原本的主體，主體是「言」和「身」，所以要愼重主體的「言」，然後才有人「和」（ㄏㄜ），「和」就是「響」；要愼重本體的「身」（有躬行之意），然後才有人「隨」，「隨」就是指「影」。大概「行也者」的「行」，和「愼爾身」的「身」互調而誤。「故曰」以下四句是成語，宜有押韻。「和」「隨」古音同在歌部，而「言」與「身」則在眞部，是舌尖音，「行」在陽部，爲舌根音。

此所稽也

「稽」下，疑脫「度」字。上文「度在身，稽在人。人愛我，我必愛之；人惡我，我必惡之。」所以湯武能愛天下人，天下人愛他；桀紂惡天下人，天下人惡他，這就是稽在人（度在身）的道理。「稽度」二字是歸納上文的，下文又說「稽度皆明……」，便是承此二字而來，盧重玄解：「湯武桀紂其迹可稽也，其度可明也。」可知唐初盧氏所見尚有「度」字。

勝者為制

王重民依御覽改為「利」。按「利」字是承上文「重利而輕道」，不過「制」非全不通，如林希逸說：「勝者制其弱，禽獸之事也。」（《列子‧口義》）

又以報關尹子

「又以報」三字，《呂氏春秋‧審己》作「又請」，高誘注：「又復請問於關尹子。」按張湛在「守而勿失」下注「心平體正，內求諸己……」係引用高誘的注，則即使本章非引自呂覽，呂覽資料至少要比本章早，且上文有「請於關尹子」一句，所以疑此三字原作「又請」或「又請於」。《列子‧黃帝》第三章：尹生多次向列子請祈其術不遂，也說「請于子」。

聖人不察存亡

「存亡」下，脫「賢不肖」三字，據呂覽補。因為「國」是指「存亡」，「身」是指「賢不肖」，張湛注也說：「賢愚俱存」，故知原有此三字。

好學者以術于齊侯

據下文三個「之（某國）」之例，「學者」下，宜有「之齊」兩字。

下文有「秦王」，秦稱王始於惠文王，此前齊威王早已稱王，則「齊侯」似宜作為「齊王」。

白公不得已

俞樾說：「『已』字乃『也』字之誤。」他並引《淮南·道應訓》、《呂氏春秋·精諭》為證。按「已」和「也」可以互用，如《莊子·齊物論》：「因是已。……亦因是也。」「已」「也」互文同義，都是語尾助詞。

不過三日

《老子·二十三章》：「飄風不終朝，驟雨不終日。」《文子·微明》：「老子曰：『江河之大，溢不過三日，飄風暴雨，日中不出須臾止。』」《說苑·叢談》：「江河之溢，不過三日，飄風暴雨，須臾而畢。」與此同義。據《文子》、《說苑》，似「不過」上有「溢」字。

擔繩薪菜

「繩」原作「纏」。張注：「負索薪菜，蓋賤役者。」王念孫因張注以「索」訓「纏」，而「纏」沒有「索」的意思，所以用《說文》訓「索」的「繩」（又作繩）來代替「纏」，正好與道藏本《列子釋文》相合。（見《讀書雜志·九淮南子》）照王說則「擔繩」是挑繩的意思。另外俞樾說：「『擔纏薪菜』是兩事，擔纏者，負荷什物；薪菜者，以給炊也。纏乃繩字之誤，菜當作采，古字通用。」以上王氏所說，繩子雖可挑負，卻沒有意義，也不成詞。俞氏依王說把「纏」作「繩」，但沒有解釋何以「擔繩」就是「負荷什物」，「纏」並無雜物之義。按張湛注：「負索。」二字都是動詞，是挑和捆的意思，張湛所見《列子》原文，未必就不是「纏」字。「纏」與「繩」都宜解為捆。薪菜，又作

薪采，或作薪採。《戰國策‧秦策》：「芻牧薪採，莫敢闚東
門。」注：「大者薪，小者採。」其實都是薪柴。《禮記‧月
令》：「季冬之月，乃命四監，牧秩薪柴。」注：「大者可析，
謂之薪；小者合束，謂之柴。」上引的「芻牧」「收秩」都和
「擔纏（或纏）」一樣都是動詞，則「薪采（柴）」二字都是名
詞，是指燒火的木柴。

其家爲等倫皆許諾

　　據朱得之（《列子通義》）及楊伯峻（《列子集釋》）的標點，
「等倫」上屬爲句，是說：爲同輩而率部屬以滅其家，按上文已
有「若等」「徒屬」，而此再重出「爲等倫」，文法與文義皆欠
通。故「等倫」應下屬，「爲」是語尾助詞，是「必滅其家」的
語助詞，如《老子》七五章：「夫唯無以生爲者。」《莊子‧逍遙
遊》：「予無所用天下爲」之「爲」是語尾詞。

爰旌目

　　爰是姓，通袁，《韓詩外傳》一引作「袁旌目」。《通志‧氏
族略》：「爰氏即袁氏也。」旌目是名，是杜撰之名。《後漢書‧
張衡傳》一作「旌瞀」，李賢注引「一作爰精目」旌，精音義皆
同，李賢注：「旌，明也。」大概是說本是目明，結果目不明而
誤食盜飯。《新序‧節士篇》作「袁族目」，「族」是「旌」的誤
字。「瞀」通「目」。

非天本爲……哉

　　盧文弨：「『非』疑當作『豈』。」（《列子》張注校正）王叔
岷：「杜希逸云：『非字合作豈字』按林說是也。今本『非』字，疑

涉上文『非相爲而生之』而誤。」按作「豈」固然很好，作「非」也不是不通，「非」作限制詞的「不是」，則此句白話解作「不就是……的嗎？」

蚊蚋生人虎狼生肉

膚肉是指人的膚肉，求語意完整，宜作爲「蚊蚋生膚，虎狼生肉」或作「蚊蚋生人膚，虎狼生人肉。」

足躓株埳

「足躓株埳」與下句「頭抵植木」對文。林希逸說：「株，木也；埳，陷也。」株解爲木，與下句意思重疊。「植木」是一物，「株埳」也應是一物，「株」與「植」都是形容詞。「株」，《淮南·原道訓》作「赴」，疑此「株」本作「侏」（或「朱」）與「株」「赴」相假借（「株」或涉下文「植」之木偏旁而誤作「株」）「侏」是短小的意思，《廣雅·釋詁二》：「侏，短也。」埳，通坎，是下陷的坑，「侏埳」是比喻地面下陷不深的坑，《莊子·庚桑楚》：「南榮趎曰：『人謂我朱愚。』」《莊》《列》書寓言人物之名，多依其特性而取，則「朱」即用以解釋「趎」，《莊子集釋》引郭嵩燾說：「《左傳》襄公四年『朱儒』，杜預注：『短小曰侏儒』，朱愚者，智術短小之謂。」南榮趎年老，大概身材智術短小。則「朱」與「趎」有短小之義甚明。又據朱駿聲說：「『朱』假借爲『椆』，《莊子·庚桑楚》『人謂我朱愚』」（《說文通訓》定聲）按「朱」與「椆」古同聲母，椆與鈍互訓，則「朱埳」乃「鈍埳」，也是指非深陡的坑。

欲金者……鬻金者

　　若非下文有「鬻金者」，則上「金」應指銅錢。先秦西漢黃
金太稀貴，沒有公開買賣，買賣者可能是赤金的銅，甚至極可能
是銅器。《史記・貨殖列傳》說通邑大都的買賣是「銅器千鈞」。
與本文相近的《淮南・氾論訓》與《劉晝新論》都有較合理的說法。
《淮南》的「金」可解爲銅錢，《新論》則不稱「金」而稱「美
錦」。本章如要把「金」解爲銅錢，則「鬻金者」之「金」字爲
衍文。

後　記

　　以上近百條是我讀列數年的一些不成熟的札記，至於異文的
考證，義理的新解，並未列入。此外，有一點不得不說的是關於
台灣師大國文系故教授陶光所著的《列子校釋》，這本校釋是陶先
生 27 歲到 31 歲在中國寫的，他到台灣後，不幸於 1952 年以四
十英年病逝，幸虧這部遺稿由他的清華大學同學許世瑛教授等人
加以整理而刊行，可惜流傳不廣。1947 年冬天王叔岷先生出版
《列子補正》，當然不知有陶著，王先生素以校勘聞名，他的「補
正」和他的許多名著一樣詳於徵引後世的類書，善於作單字的校
訂，然而不免忽略文義思想的聯貫。陶先生除了從先秦蒐集第一
手資料外，並能兼顧義理，對許多學句的見解，是令人激賞的。
我與陶先生既不可能見過面，甚至初亦不知有其人，但研讀《列
子》後，不知不覺的對這位前輩學者的景仰之情沛然而生。

（1978 年 4 月 8 日深夜補記）

（1978 年 6 月　師大國文學報 7 期）

列子注者：張湛及其列子注之研究

壹、張湛考

張湛是《列子》的注者，是《列子》辨僞聚訟紛紜的中心人物，他是東晉人，可惜晉書沒有他的列傳，只有在一些史料偶而提到他，現在就所有的這些史料，作最大的努力去尋找眞正的他。

一、名字

名湛，字處度（《世說新語・任誕》注引晉東宮官名），小字驎（《世說新語・任誕篇》注）。

二、籍貫

祖籍高平人（《世說新語・任誕》注引晉東宮官名）。高平是縣名，當時屬於山陽郡，在今山東省鄒縣西南。與王粲、王弼等人都是同鄉，張湛〈列子序殷敬順釋文〉說王正宗（宏）是高平人，王仲宣（粲）和王輔嗣（弼）是山陽人，其實王宏是王弼的哥哥，二人都是王粲的從孫。

三、先世

　　祖父張嶷，爲正員郎。父親張曠，爲鎮軍司馬。（《世說新語・任誕》注引張氏譜）二人在史書上並沒有記載。據以下的考證：可能是張嶷帶著張曠，避永嘉之亂（公元 311～）逃到江南，十餘年才生張湛。（詳見第四章第一節及「山陽高平王氏家族圖」）。

四、生卒

　　張湛生卒年代由於資料不足，難以詳考。《晉書・范寧傳》說范寧嘗就張湛求目痛方，范寧生於公元 339 年卒於 401 年。《世說新語・任誕》載：桓車騎（沖）批評張湛酒後挽歌悽苦。桓沖生於 328 年，卒於 384 年（《晉書》卷七十四）又據張湛〈列子序〉：張湛祖父張嶷與劉陶傅敷同時，傅敷的父親傅咸，卒於公元 294 年，年五十六。敷爲長子，死於晉元帝時，年四十六（見《晉書》四十七）按元帝在位五年，322 年死，如傅敷死於 320 年，則當生於 274 年，則當時傅咸爲二十六歲，是合理的。傅敷爲張湛的祖輩，就以一代二十六年計算，傅敷的孫輩當生於公元 326 年左右，這與范寧、桓沖時代是相合的，因此，我暫推定張湛生於公元 326 年左右。就是永嘉之亂之後十餘年，他才生於江南。又裴啓語林說他「好於齋前種松養鴝鵒。」（《世說新語・任誕》注引），裴啓，晉哀帝隆和間（362 年）仍在世。又《宋書》說他任官在武帝之世。孝武帝司馬曜在位二十三年，從公元 373 到 396 年。而他的孫子張祐在宋文帝元嘉年間（424～453

年）歷任臨安、武康、錢塘令（《宋書》卷九十二）即他的孫子做官之時，他已近一百歲，那麼他的逝世，可能在太元（376～396年）的晚期，而不在早期，最起碼也在桓沖逝世（384年）以後，年齡有六、七十。他的子嗣不詳，唯幸運地在《宋書》記載著他的孫子張祐。

五、仕宦

東晉的中書郎（《世說新語·任誕》注引張氏譜）。又《晉書·范寧傳》作中書侍郎，按中書郎即中書侍郎。鄭樵《通志·職官略》：「晉置四員，及江左初，又改爲通事郎，尋復爲中書侍郎，其職副掌王言，更入直五日，從駕則正直，從次直守。」後又任光祿勳。《宋書》卷九十二〈王歆之傳〉：「……高平張祐並以吏才見知，……祖父湛，晉孝武世以才學爲中書侍郎光祿勳。」唐〈殷敬順列子釋文〉：「東晉光祿勳」想是根據《宋書》的。《通志·職官略》：「魏黃初元年，復爲光祿勳，東晉哀帝興寧二年，省光祿勳併司徒，孝武寧康二年復置。」知道張湛任光祿勳是寧康二年（374年）以後的事，年已五十左右了。

六、生活

魏晉風氣所趨，張湛必然是老莊的門徒，清談的健將，《世說新語·任誕》說：「張湛好於齋前種松柏。時袁山松出遊，每好令左右作挽歌。時人謂張『屋下陳尸』，袁『道上行殯』。」〈任誕篇〉注引裴啓語林：「張湛好於齋前種松，養鴝鵒；哀山松出遊，好令左右作挽歌，時人云云。」《晉書》卷八十三《袁瓖傳》也

說：「時張湛好爲齋前種松柏，而山松每出遊，好令左右作挽歌。人謂湛『屋下陳尸』。山松『道上行殯』。」

〈任誕篇〉另一則說：「張驎酒後挽歌甚悽苦。桓車騎曰：『卿非田橫門人，何乃頓爾至致？』」。

從這資料，知道他是愛好動植物的雅士。在《列子・黃帝》中有關「梁鴦者能養野禽獸」章的注：「聖人所以陶運羣生，使各得其性；亦猶役人之能將養禽獸，使不相殘害也。」表現的頗有愛物之心。可是並不意味著他就是有光風霽月的高士，像王徽之喜歡叫僕人種竹，有「何可一日無此君」的佳句，而實際上卻是一個放肆聲色，有才無行的貴族哥兒。（〈任誕篇〉）魏晉士人徜徉在山林，是他們的思想的解放，是他們消極的反抗。

張湛也好酒，酒可以痲醉自己的痛苦，取得知覺片刻的消失，殊不知酒後將更加痛苦，從留無限的空虛悽涼。張湛畢竟是有理性的人，他不會因酒而汩沒了自己。

這一點，我們可從他的《列子》注，得到一些概念，公孫穆、朝二人好酒好色，曾向子產說了一段反「世俗」及「束縛」的理論，張湛認爲「辭義太逞挺抑抗，不似君子之音氣。然其旨欲去自拘束者之累，故有過逸之言者耳。」（〈楊朱篇〉注）看來，他大概不會沈溺於酒色的深淵，作臭肉堆中的小蛆，但也不敢高舉反現實的大纛，爲時代的急先鋒。

七、思想

張湛傳世的著作，只剩下《列子》注，從《列子》注，我們至少可以看出他一部分的思想。

張湛有著濃厚的自然主義思想，在全書的注中，大抵前後都

能把握這個主旨。

〈天瑞篇〉注：「天地無所從生，而自然生。」

〈天瑞篇〉注：「謂之生者，則不無；無者，則不生。故『有』『無』之不相生，理既然矣，則有何由而生？忽爾而自生。忽爾而自生，而不知其所以生；不知所以生，生則本同於無。本同於無，而非無也。此明有形之自形，無形以相形者也。」

〈天瑞篇〉：「天地何耶？直虛實清濁之自分判者耳。」

這是就宇宙的過程而言，他除了自己的看法外，仍然接受了列子的理論。

〈天瑞篇〉注：「生化相因，存亡復往，理無間也。陰陽四時，變化之物，而復屬於有生之域者，皆隨此陶運；四時改而不停，萬物化而不思者也。不生之主，豈可實而驗哉？疑其冥一而無始終也。代謝無間，形氣轉續，其道不終。亦何以知其窮與不窮哉？直自疑其獨立而不改，周行而不殆也。」

〈湯問篇〉注：「今之所謂終者或為物始，所謂始者或是物終，終始相循，竟不可分也。」

這是就道家自然環境論的思想，加以發揮的。

〈天瑞篇〉注：「天地之德何耶？自然而已，自然而已。何所厝其公私之名？公私之名既廢，盜與不盜，理無差也。」

〈天瑞篇〉注：「俱涉變化之途，則予生而彼死。推之至極之域，則理既無生，亦又無死也。」在知識方面，也沒有名實，生死之別。一任其自然而已。

〈仲尼篇〉注：「夫能使萬物咸得其極，不犯其自然之性也。若以識知制物之性，豈順天之道哉。」

〈仲尼篇〉注：「自然無假者，則無所失矣。」

楊朱：「朝陽曰：欲尋禮義以太言人，矯情性以招在，吾以此為弗若死矣！」
張注：「達哉此言！……」

這是順自然之性行事，而無所假借的。

在《列子》注中，由於張湛必須牽就《列子》的原文，我們不能因此就認為所有注都是張湛個人的見解。如果以〈楊朱篇〉注中有縱慾的注子就認為是他的思想，那就不正確了。其實他並不是縱慾主義者。

〈說符篇〉：「嗜慾之亂人心如此之甚也。故古人有言：察秋毫之末者，不見太山之形；調五音之和者，不聞雷霆之聲。夫意萬物所係迷著外物者，雖形聲之大而有遺矣。況心

乘於理，檢情攝念，泊然凝定者，豈萬物動之所能亂者
乎？」

楊朱：「非伯夷太清言，非展念太貞節。」

張注：「此誣賢負實之言，然欲有所抑揚，以為不寄貴
於言勝者耳。」

這與〈楊朱篇〉思想是迥然不同的。

八、方技

張湛懂得醫術。《晉書》卷七十五〈范寧傳〉記載一則史料：

「初，寧嘗患目痛，就中書侍郎張湛求方。湛因嘲之
曰：『古方宋陽里子少得其術以授魯東門伯，魯東門伯以授
左邱明，遂世世相傳。及漢杜子夏、鄭康成、魏高堂隆、晉
左太沖，凡此諸賢並有目疾，得此方云：用損讀書一、減思
慮二、專內視三、簡外觀四、旦晚起五、夜早眠六。凡六
物，熬以神火，下以氣篩，蘊於胸中七日，然後納諸方寸。
修之一時，近能數其目捷？遠視尺捶之餘。長服不已，洞見
牆壁之外，非明目，乃亦延年。」

這是中古時代醫書以外的寶貴眼科醫方，許多醫學史都沒有
引到。宋陽里子正好見於《列子・周穆王篇》，是一個蕩蕩然不覺
天地有無的高士。秦漢以來，神仙派的方士，對醫學都有一手，
魏晉是人命危殆的時代，貴族特別重視養生，一些道家學者，也

精湛醫道，華陀、王叔和、葛洪、陶弘景等都頗有貢獻，張湛能知醫術也是時代的趨勢。《隋書‧經籍志》有他的《養生要集》十卷，《新唐書‧藝文志》有《延年祕錄》十二卷（此書可能託張湛之名）。

今據《列子》張湛的注，可知張湛確精於岐黃之術：

〈天瑞篇〉注：「疾痾結於府藏，疾病散於肌體者，必假脈診以察其盈虛，投藥石以攻其所苦，若心非嗜慾所亂，病非寒暑所傷，則醫師之用宜其廢也。」

這是對「非藥石之所攻」的注，他對因嗜慾、寒暑所引發生理機能不調的病，以爲經診斷（用脈診）、用藥便可治好，如果不是這個原因而起的心理病，就不是藥物所能奏效的了，魏晉亂世，得心理病的人自然格外的多。

〈湯問篇〉注：「此言恢誕，乃書記少有。然魏世華他能刳腸易胃，湔洗五臟，天下理自有不可思議者，信亦不可以臆斷，故宜存而不論也。」

這是以醫師的口吻，對「扁鵲遂飲二人毒酒，迷死三日，剖胸探心，易而置之，投以神藥，既悟如初。……」的能力，提出否定，這實在太離譜了（今日痲醉術、換心術迥非當時所能想像）。至於華陀低一等的技術，就給予保留，並不加以否定。

九、著述

見於史部書目所著錄的張湛著述有：

㈠《列子注》八篇（《隋書・經籍志》）

㈡《列子音義》一卷（《宋史・藝文志》）

按所有張湛的資料，他並沒有著這本「音義」。這可能是唐宋人就《列子注》中的音注，彙集起來成爲單行本，就如陸德明《莊子音義》把向秀、李頤、司馬彪的「注」和「音」分開來一樣。在《通志・藝文略》，所著錄的「列子音義一卷」。祕書省《續編四庫書目》所著錄的「列子釋音一卷」二書都未著撰人，也許就是《宋志》的這一本張湛《列子音義》。

丁國鈞補《晉書・藝文志》有「列子音義一卷」。他說：「謹按見《宋書・藝文志》，是書七錄以下均不載，今考湛《列子注》中尚有音義，乃湛所爲，非殷敬順釋文也，疑當時音義本單行，故《宋志》得據以入錄。」丁氏疑當時有單行本，是缺乏根據的，果然，何以《隋志》沒有著錄。

㈢《文子注》（文廷式補《晉書・藝文志》）

由古注知張湛注過文子：

1、《文選》卷十三張茂生《鵩鵬賦》注引《文子》曰：「去其誘慕，除其嗜欲。」張湛曰：「遺其術尚爲害眞性。」

2、《文選》卷二十一何敬祖《遊仙詩》注引《文子》：「三皇五帝輕天下細萬物，上與道爲友，下與化爲人。」張湛曰：「上能

友於道，友或爲反。」

3、《文選》卷四十任彥昇奏彈曹景宗注引《文子》曰：「起師十萬，日費千金。」張湛曰：「日有千金之費。」

4、《文選》卷五十沈休文恩倖傳論注引《文子》：「羣臣輻湊。」張湛曰：「如衆輻之集於轂。」（又見於卷一班孟堅《東都賦》注卷三十六，任彥昇天監三年策秀才文注卷五十三，陸士衡《辯亡論》注）。

這些文子的字句，都見於今本《文子》：①見於卷一〈道原篇〉，「嗜」字作「貴」字。②見於卷五〈道德篇〉。③見於卷七〈微明篇〉。④見於卷十〈上仁篇〉。因此毫無破綻會讓人去懷疑這些句子是《列子》的佚文及張湛的佚注。

《文子》，漢志列爲道家，今本文子雖可能非漢志之舊本，而爲補湊諸家的雜組，但綜觀其書，仍不失爲道家的著述，所以張湛注《文子》是可以理解的。

章炳麟《菿漢微言》：「文子九篇，本見七略，今之文子，半襲淮南，所引老子，亦多怪異，其爲託甚明。按文選奏彈曹景宗注：『文子曰：「起師十萬，日費千金。」張湛曰：「日有千金之費。」』又天監三年策秀才文引『文子曰：「羣臣輻湊」張湛曰：「如衆輻之集于轂也。」』則張湛曾注此書。今本疑即張湛僞造，與《列子》同出一手也。《隋書·經籍志》有文子十二卷，宜即此僞本。其書蓋亦輯舊文，如僞古文《尙書》之爲者。故『不爲福始，不爲禍先。』二語曹子建求通親親表已引之。子建所見，當是七略舊本，而張湛摭拾其文，雜以僞語耳。」。

章氏疑張湛僞造《文子》，雖是有可能的或然率，然而卻沒有足夠的證據。辨僞家每每以某人最早注解某本僞書，便以某人爲此書的僞造者，尤其章氏大概以張湛有「僞造列子的前科」，而

以莫須有之名，加以入罪，這種情形，有如明、清人以爲北魏的李暹是文子最早的注者，而就疑李暹是僞造者一樣，（胡應麟《四部正譌》及姚際恆《古今僞書考》）只是憑想像，不是憑證據。

章氏的證據是曹子建求通親親表有「文子曰：『不爲福始，不爲禍先。』」兩句，就以爲這兩句是《漢志》舊本（《漢志》根據《七略》），張湛抄襲這兩句，並加雜僞語而成的。按這兩句見於今本《文子》卷三十〈守篇〉中的「守虛章」，其上文還有「與道爲際，與德爲鄰」兩句，與李善注《文選》卷三十七「求通親親表」注文相同，如果依章氏的假設，曹植所引的兩句《文子》，是《漢志》舊本，那麼我們也正可以說今本《文子》就是《漢志》舊本，這都是不太合邏輯的推理。殊不知要證明《文子》非《漢志》舊本，方法很多，只是用這兩句話是不足爲證的，而且憑什麼就把張湛扯進去，說他僞造。

㈣《養生要集》十卷（《隋書‧經籍志》）

丁國鈞補《晉書‧藝文志》說：「疑此係《魏書‧列傳》中之張湛，非注《列子》者。」

楊伯峻《列子校釋》：「案此說毫無根據，且魏之張湛未必知醫（《魏書》卷五十二〈張湛列傳〉不曾提及），而晉之張湛能醫，尤可證丁氏之說不可信。黃逢元補《晉書‧藝文志》云：「初學記四、又三十七、文選二十一、又五十二、御覽二十九、又三十一、又八百三十九、又八百四十一、又九百三均引存。」

楊氏說得甚是。《魏書》卷五十二〈張湛傳〉：「張湛，字子然，一字仲玄，敦煌人，魏執金吾恭九世孫也，湛弱冠知名涼土，好學，能屬文，沖素有大志，仕沮渠蒙遜黃門侍郎，兵部尚書。」

㈤《延年祕錄》十二卷（《新唐書・藝文志》）

本書《隋書・經籍志》不著錄，《舊唐書・經籍志》不著撰人。梁啓超說：「從舊志不著錄，而定其僞或可疑。」（古書之眞僞及其年代）這部養生的書可能是後世託名張湛的，或因張湛知醫而誤入其名的。

貳、張湛列子注釋例

先秦典籍大半都是有關政治、歷史、哲學、制度等方面的著述，由於當時文字簡陋、書寫工具落後，使得古書都有概念模糊，範疇混淆的缺點，後來，加以時間、空間的推展，使漢人就有看不懂二百年前書籍的現象，而掀起了注解古書的風氣。從此，注書成爲中國歷代文人「述而不作」的盛事。這些注，是在其時政治思想的原則支配下，用通行的文字或語言，來達成其宣揚某特定文化的實用功能。時至今日，這些注子，不僅是我們研究那些被注書籍的必需材料，也是研究注者及注者時代的學術史料；此外如要尋求注者與被注書的關係，自然也非從分析這些注子入手不可了。

張湛蒙上了僞造《列子》的罪名，我們斷不可盲目的拾人牙慧，搖旗吶喊，必須整理所有可見的資料後，才有權力做最後的判決。這些資料中，最重要的就是《列子》的注，在通盤研究他的注子後，才可能得到比較客觀的答案。

一、徵引文獻

㈠注解所引的文獻

1. 但舉人名

(1)王弼（見於；〈天瑞篇〉、〈黃帝篇〉）

　　按係《周易注》及《老子注》。

(2)孔子（〈天瑞篇〉）

　　不知出處。

(3)郭象（〈天瑞篇〉、〈黃帝篇〉、〈力命篇〉）

　　按係《莊子注》。

(4)向秀（〈黃帝篇〉）

　　按係《莊子注》。

(5)崔譔（〈黃帝篇〉）

　　按係《莊子注》。

(6)慎到（〈湯問篇〉）

　　按即《慎子》。《漢志》：《慎子》四十二篇。

(7)古人有言（〈仲尼篇〉、〈說符篇〉）

　　不可考。

2. 但舉書名

(1)《老子》（〈天瑞篇〉、〈黃帝篇〉、〈仲尼篇〉、〈說符篇〉）

　　按《史記・老子》本傳：「著書上下篇」。

(2)《莊子》（〈天瑞篇〉、〈黃帝篇〉、〈仲尼篇〉）

　　按《漢志》：《莊子》五十二篇。

(3)《山海經》（〈天瑞篇〉、〈周穆王篇〉、〈湯問篇〉）

　　按《漢志》：《山海經》十三篇。《隋志》：《山海經》二十三卷。

(4)《大荒經》（〈天瑞篇〉、〈湯問篇〉）

　　按在《山海經》內。今本《山海經》分《大荒東經》、《大荒西

經》。

(5)《春秋左氏傳》（〈黃帝篇〉）

　　按《漢志》：《左氏傳》三十卷。

(6)《穆天子傳》（〈周穆王篇〉、〈湯問篇〉）

　　按《晉書·束晳傳》：《穆天子》五篇。《隋志》：《穆天子》六卷。

(7)周官注（〈周穆王篇〉）

　　按《漢志》：《周官經》六篇。晉以前之注家有馬融、鄭玄（見《隋志》）。

(8)《易》（〈仲尼篇〉）

　　按《漢志》：《易經》十二篇。

(9)《世記》（〈仲尼篇〉）

　　未詳何書。

(10)《惠子》（〈仲尼篇〉）

　　按《漢志》：惠子一篇。

(11)《墨子》（〈仲尼篇〉、〈湯問篇〉）

　　按《漢志》：《墨子》七十一篇。

(12)白馬論（〈仲尼篇〉）

　　按《公孫龍子》中之一篇。《漢志》：《公孫龍子》十四篇。

(13)詩含神霧（〈湯問篇〉）

　　按為詩緯。今存有明孫瑴（《叢書集成》初編）、清劉學寵、喬松年、馬國翰、黃奭、王仁俊等人的輯本。

(14)〈離騷〉（〈湯問篇〉）

　　按〈離騷〉為《屈原賦》中的一篇。《漢志》：《屈原賦》二十五篇。

(15)河圖玉板（〈湯問篇〉）

按爲河圖緯書之屬。明孫瑴等有輯本。

(16)《淮南》（〈湯問篇〉、〈黃帝篇〉）

　　按《漢志》：《淮南》內二十一篇、《淮南》外三十三篇。

(17)家語（〈湯問篇〉）

　　按《漢志》：《孔子家語》二十七卷。

(18)《戰國策》（〈湯問篇〉）

　　按《漢志》：《戰國策》三十三篇。

(19)傳記（〈天瑞篇〉、〈周穆王篇〉）

　　按張湛注引「傳記云」凡三見：一爲「后稷生乎巨跡」之注，一爲「伊尹生乎空桑」之注。其書不知所指，一爲「帝之所居」之注。此注見今本《史記‧扁鵲倉公列傳》，然則「傳記」或許就是指《史記》。唯前二則注文與今本《史記》不類。

(20)雜書記（〈湯問篇〉）

　　不知所指何書。

⬛ 3. 人名書名並舉

(1)何晏道論（〈天瑞篇〉）

　　今佚。諸家未有輯佚。

(2)何晏無名論（〈仲尼篇〉）

　　已佚。諸家未有輯佚。

㈡附注與列子正文相同的古籍

1.〈天瑞篇〉：「《黃帝書》曰：『谷神不死，是謂玄牝』。」

　　張注：「古有此書，今已不存，老子有此一章。王弼注曰……」。

按漢志有《黃帝四經》四篇、《黃帝銘》六篇、《黃帝君臣》十篇、《雜黃帝》五十八篇。都是託名黃帝的作品。

2.〈天瑞篇〉:「故生物者不生,化物者不化。」

　　張注:「《莊子》亦有此言。向秀注曰……」。

　　按爲《莊子》佚文。

3.〈天瑞篇〉:「太易者,未見氣也。」

　　張注:「……如易繫之太極、老氏之渾成也。」

　　按老氏指《老子》書,張湛此注,在於比較發揮,並非徵引出處。

4.〈天瑞篇〉:「……濁重者下爲地。」

　　張注:「此一章全是周易乾鑿度也。」

5.〈天瑞篇〉:「若蛙爲鶉。」

　　張注:「事見《墨子》。」

　　按見於《墨經》說上:「化,若蛙爲鶉。」

6.〈黃帝篇〉:「指擿無痟癢。」

　　張注:「義見周官。」

7.〈黃帝篇〉:「列姑射山在海河洲中。」

　　張注:「見《山海經》。」

　　按姑射山見今本《山海經》之《東山經》及《海內北經》。

8.〈黃帝篇〉:「……是爲九淵焉。」

　　張注:「此九水名義見《爾雅》。」

　　按見《爾雅‧釋水》。

9.〈周穆王篇〉:「……後世其追數吾過乎!」

　　張注:「自此已上至命駕八駿之乘事見〈穆天子傳〉。」

10.〈周穆王篇〉:「夢有六候。」

　　張注:「六夢之占,義見《周官》。」

11.〈周穆王篇〉：「將陰夢火，……歌儛者哭。」

　　張注：「即《周禮》六夢六義。」

　　按見《周禮・春官・占夢》。

12.〈湯問篇〉：「……實惟無底之谷。」

　　張注：「事見《大荒經》。」

13.〈湯問篇〉：「……人長一尺五寸。」

　　張注：「事見詩含神霧。」

14.〈湯問篇〉：「……長九寸。」

　　張注：「見《山海經》。」

15.〈湯問篇〉：「……地氣然也。」

　　張注：「此事義見《周官》。」

16.〈湯問篇〉：「而未足爲異也。」

　　張注：「此事亦見《墨子》。」

17.〈湯問篇〉：「……皓然疑乎雪。」

　　張注：「此《周書》所云。」

〓引書而未舉書名的注解

　　古注引書常有未舉書名的現象，以致造成了許多竊注的訟案，張湛也有這種情形，但這是一種疏忽，體例不嚴謹，也可能是後世的奪文。

1.〈天瑞篇〉：「疑獨，其道不可窮。」

　　張注：「亦何以知其窮與不窮哉？直自疑其獨立而不改，周行而不殆也。」

　　這是把老子的話，融入自己的注子。

2.〈天瑞篇〉：「……是天地之委蛻也。」

　　張注：氣自委結而蟬蛻耳。」

3.〈天瑞篇〉：「……食不知所以。」

　　張注：「皆在自爾中來。」

　　後兩注，都是抄自郭象的《莊子注》，而未注出「郭象曰」。

　　以上張湛注《列子》所旁引的古書並不太多，這可能有兩個原因：一是魏晉三玄興起，注家以思想爲宗，與漢人注經大異其趣，根本用不著引證古書，像王弼易注、老子注、各家莊子注，都沒有引用古書。至於如劉峻注《世說新語》、裴松之注《三國志》，博徵羣書，已是以後的事，更何況都是乙部的書。二是張湛個人所看到的書，似乎不多。如〈天瑞篇〉有晏子的一段話，張湛注：「假託所稱」，楊伯峻以爲「處度未嘗見晏子書耳」（《列子集釋》十六頁）。不過就當時而言，張湛能引出那麼多與《列子》有關的資料，確實是可貴的。

二、校訂文字

㈠校字

⑴〈天瑞篇〉：「終進乎？不知也。」

　　張注：「進當爲盡，此書字例多作進也。」

　　按劉向《列子》新書目錄：「或字誤，以盡爲進，以賢爲形，如此者衆。」張氏也許正承劉序而作原則的釋例。

⑵〈天瑞篇〉：「其人舍然大喜。」

　　張注：「舍宜作釋，此書釋字作舍。」

⑶〈黃帝篇〉：「黃帝乃喟然讚曰。」

　　張注：「讚當作歎。」

⑷〈黃帝篇〉：「朕之過淫矣。」

　　張注：「淫當作深。」

(5)〈黃帝篇〉：「而帝登假。」

　　張注：「假當為遐。」

(6)〈黃帝篇〉：「向吾見子道之。」

　　張注：「道當為蹈。」

(7)〈黃帝篇〉：「罪乎不讓不止。」

　　張注：「罪或作萌。」

　　按王叔岷以為作萌，則張湛所疑，自有見解。（見《莊子校釋》）

(8)〈黃帝篇〉：「子之先生坐不齋。」

　　張注：「或無坐字。」

(9)〈黃帝篇〉：「份然而封戎。」

　　張注：「戎或作哉。」

(10)〈楊朱篇〉：「何以异哉？」

　　張注：「异，異也，古字。」

　　以上是就張湛注文所選出而具有代表性的注，所校的字，大抵是通假字或形似字，對我們校勘《列子》頗有價值，這與只注章義的王弼《老子注》、向、郭《莊子注》簡直不可同日而語，如果《列子》是張湛編選的，他大可不必在注中校字。

□审句

(1)〈仲尼篇〉：「子列子學也。……則理無所隱矣。」

　　張注：「上章云列子學乘風之道。……黃帝篇已有此章，釋之詳矣。所以重出者，先明得性之極，則乘變化而無窮；後明順心之理，則無幽而不照，二章雙出，各有攸趣，可不察哉？」。

(2)〈力命篇〉：「不可以生，不可以死，或死或生，有矣。」

張注：「此義之生而更死，之死而更生者也。此二句上義已
該之而重出，疑書誤。」

古代簡牘的錯亂，斷失原是必然的現象。依劉向《列子新書
敍錄》所說：他所定的八篇定本，也是由許多材料中校讎濃縮而
殺青的。如果張湛所校注的《列子》，為劉向定本，則斷不致錯簡
如此，因此劉向的本子，斷不是張湛的注本，而張湛對材料的重
出也提出自己的看法，自然這個材料，不是他編的是很明顯的
了。

⬛ (三)存疑

(1)〈天瑞篇〉：「易無形埒。」

　　張注：「不知此下一字。」

(2)〈黃帝篇〉：「𪅊𪅊為右」。

　　張注：「上齊下合，此古字，未審。」

(3)〈仲尼篇〉：「孤犢未嘗有母，非孤犢也。」

　　張注：「此語近於鄙，不可解。」

　　按俞樾說：「有母下當更疊有母二字。……因古書遇重字多
　　省不書，但於字下作二畫識之，故傳寫脫去耳。」（《諸子
　　平議》）楊伯峻：「俞說是也。張注以為此句不可解，疑其
　　所據本即已脫去，以致文義不明，故謂不可解也。」（《列
　　子集釋》89頁）。

這三則注，可以看出張氏的注是相當客觀的，對字句的訓
詁，才是義理之所賴。

三、疏解字句

㈠注音

1.〈天瑞篇〉：「亶爰之獸。」

　　張注：「亶音蟬。」

2.〈天瑞篇〉：「亦如人自世。」

　　張注：「音生。」釋文：「世，音生。」

3.〈黃帝篇〉：「莫不眰之。」

　　張注：「眰音如革。」釋文：「眰，牽切。」

4.〈黃帝篇〉：「攖拟挨扰。」

　　張注：「攖音晃，拟音扶閉，挨音烏待，扰音都感切。」

5.〈周穆王篇〉：「眠中啼嚘呻呼。」

　　張注：「啼吾南反，嚘音藝。」

6.〈仲尼篇〉：「汝知養養。」

　　張注：「上音余亮，下音余賞。」

7.〈湯問篇〉：「殷湯問於夏革。」

　　張注：「革字，莊子音棘。」

　　以上七例，可知張湛注音的體例，何其不統一。有時用直音，有時用反切，大概直音可注用直音，不可注就用反切。反切有時用「切」，有時用「反」，也有用「音某某」的，難怪〈殷敬順釋文〉也要幫他注釋了。

　　古書注音，到今天雖失其了實際效用，但對文句校勘和語音學史的研究，自有其不可忽視的助益。《宋志》有張湛《列子音義》一卷，大概是後人就注中的這些音注，蒐集而成的。

㈡解字

1.〈天瑞篇〉：「太易者。」

　　張注：「易者，不窮滯之稱。」

　　按就字義疏解。

2.〈天瑞篇〉：「太素者，質之始也。」

　　張注：「質，性也。」

　　按以一字解字，猶說文之例。

3.〈天瑞篇〉：「死也者，德之徼也。」

　　張注：「德者，得也；徼，歸也。」

　　按爲音訓。

4.〈黃帝篇〉：「不知斯齊國幾千萬里。」

　　張注：「斯，離也；齊，中也。」

　　按以本義解字。《說文》：「斯，析也。」《爾雅・釋言》：
　　「斯，離也。」

5.〈黃帝篇〉：「商丘開復從而泳之。」

　　張注：「水底潛行曰泳。」

　　按爲義界。

6.〈黃帝篇〉：「與齎俱入，與汨偕出。」

　　張注：「齎汨者，水迴入涌出之貌。」

　　按爲二字合解。

7.〈黃帝篇〉：「吾生於陵而安於陵，故也。」

　　張注：「故猶素也。」

8.〈楊朱篇〉：「我又欲與若別之。」

　　張注：「別之猶辨也。」

　　按用「猶」字，被注字與注字爲通假關係，則就如同《說文》

的「讀若」了。

(三)名物

1.人名

1.〈天瑞篇〉：「子列子。」

　　張注：「載子於姓上者，首章或是弟子之所記故也。」

　　按張湛對子加於姓上，提出釋例，並懷疑本章是列子弟子所記的。

2.〈天瑞篇〉：「壺丘子林。」

　　張注：「列子之師。」

　　按依前人之說。

3.〈天瑞篇〉：「林類。」

　　張注：「書傳無聞，蓋古之隱者也。」

　　按林類又見於《淮南子·齊俗訓》及《高士傳上》。張注曾引《淮南子》，應該看過《淮南子》，爲何稱「書傳無聞」？或許書傳是指《列子》以前的典籍吧！

4.〈黃帝篇〉：「天老、力牧、太山稽。」

　　張注：「三人黃帝相也。」

　　按三人一解。《史記·五帝本紀》舉「風谷、力牧、常先、大鴻以治民。」

5.〈黃帝篇〉：「楊朱南之沛，……至梁而遇老子。」

　　張注：「莊子云楊子居，子居或楊朱之字。又不與老子同時，此皆寓言也。」

　　按此章又見於莊子寓言，郭象注並沒有舉出二人時間不符而爲寓言的事。

6.〈仲尼篇〉：「中山公子牟者。」

張注：「公子牟，文侯子，作書四篇，號曰道家。魏伐得中山，以邑子牟，因曰中山公子牟也。」

按對人物作扼要的說明。

7.〈仲尼篇〉：「……而悅趙人公孫龍。」

張注：「公子牟、公孫龍似在列子後，而今稱之，恐後人所增以廣義。苟於統例無所乖錯，而足有所明，亦奚傷乎？諸如此皆存而不除。」

按張湛對此章，提出懷疑，我們怎麼又會認為列子是他偽造的呢？

8.〈湯問篇〉：「虮蝨師曠方夜擿耳俛首而聽之，弗聞其聲。」

張注：「虮蝨未聞也。師曠，晉平公時人。夏革無緣得稱之，此後著書記事者潤益其辭耳。」

按這也是用人物出現時間的不符，來否定列子資料的原始性。

9.〈湯問篇〉：「夸蛾氏。」

張注：「夸蛾氏，傳記所未聞，蓋有神力者也。」

2.地名

(1)〈湯問篇〉：「太形王屋二山。」

張注：「太行在河內野王縣，王屋在河東東垣縣。」

(2)〈湯問篇〉：「隱土。」

張注：「淮南云：東北得州曰隱土。」

按神話中的地名，不可考，只好引《淮南子》。

《列子》書中地名不多，在章句中的作用不大，所以張注不多，在〈周穆王篇〉中的一些地名幾全沒注出。

3. 生物

〈天瑞篇〉有生物演化的寶貴材料，對這些生物有深刻的了解，才能對全章思想進一步的探討，但張湛卻很少注解，只就動作的變化，數語帶過而已，他是個知醫的文人，不是名物家；所以大概沒有陸璣，嵇含的能力。他是個思想家，不是訓詁家，所以也用不著像郭璞、張揖一般的注書。

他既然知醫，想至少也精於本草，在《列子》書中有關生物的注解，其能力是在郭象之上的。

⑴〈天瑞篇〉注：「羭、牝羊也。」

⑵〈天瑞篇〉注：「大胥、龜鱉之類也。」

⑶〈周穆王篇〉注：「芷若、香草。」

4. 禮樂

⑴〈周穆王篇〉注：「承雲，黃帝樂；六瑩，帝嚳樂；九韶，舜樂；晨露，湯樂。」

⑵〈周穆王篇〉注：「商，金音、屬秋。南呂、八月律。」

⑶〈周穆王篇〉注：「角、木音、屬春。夾鐘、二月律。」

⑷〈周穆王篇〉注：「羽、水音、屬冬。黃鐘，十一月律。」

按這是依禮月令的說法。

5. 器物

⑴〈周穆王篇〉：「笄、首飾；珥、瑱也。」

⑵〈周穆王篇〉：「阿、細縠；錫、細布。」

按都是口語的注解。

(四)釋詞

1.〈天瑞篇〉注:「不生者,固生物之宗。」

2.〈天瑞篇〉注:「天地者,舉形而言;陰陽者,明其度數統理。」

  按此為特定範圍的說明。

3.〈黃帝篇〉注:「有用而無利,故謂之杜權。」

4.〈周穆王篇〉注:「娥媌,妖好也;靡曼,柔弱也。」

  按二詞都是聯緜字,方言一:「娥、嬴,好也。秦曰娥,……秦晉之間,凡好而輕者,謂之娥,自關而東,河濟之間,謂之媌。」注:「今關西人亦呼好為媌。」則娥、媌、好皆同義。靡曼,雙聲,明紐,又作靡嫚。而張湛也了聯緜字注解。柔弱,雙聲,泥紐。

5.〈湯問篇〉注:「暱嫌,私恨。」

(五)釋句

  釋句是《列子注》的主要內容,唯句子的疏解,思想才能徹底的表達,所以《列子注》中大部分的文字,都是用以解釋句子的。

1.疏解句義

  注家並不只是一味以自己主觀的見解和理論強加於原書章句之上,同時也要對那些生澀難懂的句子,在不違背句義的原則下,加以疏解,讓語意明晰清楚,這是所有注家應有的態度,張湛在這一方面的注是相當多的,如:

〈天瑞篇〉:「生者不能不生,化者不能不化。」

張注:「生者非能生而生,化者非能化而化也,直自不得不生,不得不化者也。」

[2.解釋過程]

〈天瑞篇〉：「魚卵之爲蟲。」

　　張注：「此皆無所因感自然而變者也。」

[3.解釋原因]

〈天瑞篇〉：「舜曰：『吾身非吾有，孰有之哉？』」

　　張注：「據有此身，故重發問。」

〈黃帝篇〉：「子列子之齊，中道而反。」

　　張注：「驚人之推敬於己，故不敢遂進。」

〈仲尼篇〉：「楊朱撫其尸而哭。」

　　張注：「生不幸而死，故可哀也。」

[4.照應上文]

〈周穆王篇〉：「……知可與學幻矣。」

　　張注：「注篇目已詳其義。」

〈湯問篇〉：「……不得告術於人。」

　　張注：「此一章義例已詳於〈仲尼篇〉也。」

〈楊朱篇〉：「……知死之暫往。」

　　張注：「注〈天瑞篇〉中已具詳其義矣。」

〈力命篇〉：「……不得不誅也。」

　　張注：「此章義例與上章同也。」

[5.照應下文]

〈仲尼篇〉：「……此樂天知命者之所憂。」

　　張注：「而引此以爲憂者，將爲下義張本，故先有此言

耳。」

6.綜合句義

〈黃帝篇〉:「竭聰明、進智力、營百姓、焦然肌色皯黣，昏然五情爽惑。」

張注:「用聰明未足以致治，祇足以亂神也。」

7.引他書注

只引他書的注，自己不注。

〈湯問篇〉:「終北之北。」

張注:「莊子云:『窮髮』。」

8.引他人注

只引他人的注，自己不注。

〈黃帝篇〉:「鄭人見之，皆避而走。」

張注:「向秀曰:『不喜自聞死曰也。』」

按爲莊子向秀注。

9.附注出處

〈湯問篇〉:「遂賓於西王母，觴於瑤池之上。」

張注:「西王母，人類也。虎齒蓬髮，戴勝善嘯也。出《山海經》。」

按係指西王母出於《山海經》。

10.以今證古

〈仲尼篇〉:「後鏃中前括，鈞後於前。」

張注：「同後發於前發，則無不中也。近世有人擲五木，百擲百盧者，人以爲有道，以告王夷甫。王夷甫曰：『此無奇，直後擲如前擲耳。』庾子嵩聞之曰：『王公之言闇得理。』皆此類也。」

按古今注書家都少用今事以證古事，張湛這一段注可補史事之闕，王夷甫即王衍，見《晉書》卷四十三《王戎傳》附，庾子嵩即庾敳，見《晉書》卷五十《庾峻傳》附。此事未見於《晉書》，亦爲《世說新語》所不載。

四、闡述章義

㈠解釋篇目

《列子》八篇的篇目，張湛都有注，是就全篇的主旨加以說明，而不是解釋題目名稱的。

〈天瑞第一〉

張注：「夫巨細舛錯，修短殊性，雖天地之大，羣品之衆，涉於有生之分，關於動用之域者，存亡變化，自然之符，夫唯寂然至虛凝一而不變者，非陰陽之所終始，四時之所遷革。」

㈡總結章義

〈天瑞篇〉：「子列子適，食於道，從者見百歲髑髏，……皆入於機。」

張注：「夫生死變化，胡可測哉？生於此者，或死於彼；死於彼者，或生於此。而形生之生，未嘗暫無。是以聖人知生不常存，死不永滅，一氣之變，所適萬形。萬形萬化而不化

者，存歸於不化，故謂之機。機者，羣有之始，動之所宗，故出無入有，散有反無，靡不由之也。」

以上是張湛對《列子》一段生物演化的結論，只是沒有作「此章……」而已。他的注顯然比《莊子‧至樂》郭象注精彩的多，郭象的注只有兩句：「此言一氣而萬形，有變化而無死生也。」

〈仲尼篇〉：「秦人逢氏有子……榮汝之糧，不若遄歸也。」

張注：「此章明是非之理未可全定，皆眾寡相傾以成辨爭也。」

〈仲尼篇〉：「燕人生於燕，長於楚……悲心更微。」

張注：「此章明有一至，哀樂既過，則向之所感皆無欣戚者也。」

〈說符篇〉：「齊有貧者，常乞於城市。……豈辱馬醫哉？」

張注：「此章言物一處極地，分既以定，則無復廉恥；況自然能夷得失者乎？」

㈢推演思想

〈天瑞篇〉：「故天地含精萬物化生。」

張注：「推此言之，則陰陽氣徧交會而氣和；氣和而為人生；人生則有所倚而立也。」

㈣批評章義

1.〈仲尼篇〉注：「儒墨刑名，亂行而無定家。」

按子輿只評公孫龍一人「漫衍而無家」，而張湛連帶把儒墨放入批評。

2.〈力命篇〉注：「此篇明萬物皆有命，則智力無施；〈楊朱篇〉言人皆肆情，則制不由命；義例不一，似相違反。然治亂推

移，愛惡相攻，情僞萬端，故要時兢，其弊孰知所？是以聖人兩
存而不辯。將以大扶名教，而致弊之由不可都塞。或有恃詐力以
干時命者，則楚子問鼎於周，無知亂適於齊。或有矯天眞以殉名
者，則夷齊守餓西山，仲由被醢於衛。故列子叩其二端，使萬物
自求其中。苟得其中，則智動者不以權力亂其素分，矜名者不以
矯抑虧其形生。發言之旨其在於斯。嗚呼！覽者可不察哉！」

按此注極不平凡。張氏發覺力命的說法，與〈楊朱篇〉的思想
不合，因此提出聖人兩存而不辯的調和辦法，使列子能叩其二
端，讓萬物自求其中。事實，由於兩篇的資料來源不同，並不一
定要彼此調和的。劉向的目錄說：〈力命篇〉，一推分命；楊子之
篇，唯貴放逸，二義乖背，不似一家之言。而張湛也許認爲同是
列子的作品，而加以修正的。

3.〈楊朱篇〉注：「管仲功名人耳，相齊致霸，動因威謀。任
運之道既非所宜，且於事勢不容此言。又上篇復能勸桓公適終北
之國，恐此皆寓言也。」
按這是因管仲的思想有矛盾，而說是假託的寓言。上篇者，實舉
上二篇的〈湯問篇〉。

4.〈楊朱篇〉注：「此一篇辭太逕挺抑抗，不似君子之音氣。
然其旨欲去自拘束者之累，故有過逸之言者耳。」
按張湛所反對的是朝穆兄弟二人向子產說的一段反傳統的話，不
過張氏也替〈楊朱篇〉中的這段話，加以圓場。

以上共四項的資料，毫無任何痕跡，顯示《列子》書是張湛編
纂的。他徵引的文獻，算得是相當的豐富，並把當時他所看到的
與列子相同的資料一一列出。在校勘方面，他用極客觀的態度，
舉出不同的資料，並保留他不能解決的問題。如果是他從他書抄

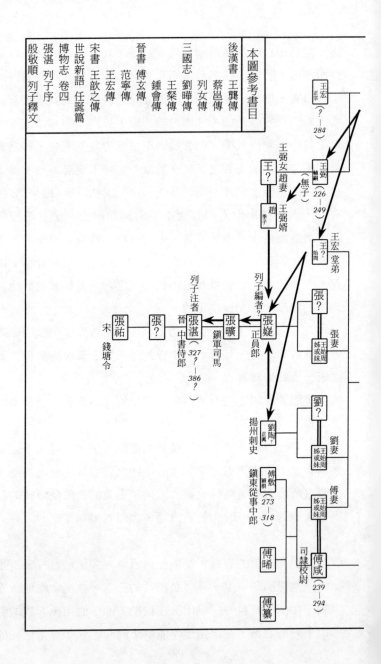

本圖參考書目

後漢書　王霸傳
　　　　蔡邕傳
三國志　劉曄傳
　　　　列女傳
晉書　　傅玄傳
　　　　王粲傳
　　　　鍾會傳
　　　　范寧傳
　　　　王宏傳
宋書　　王歆之傳
世說新語　任誕篇
博物志　卷四
張湛　列子序
殷敬順　列子釋文

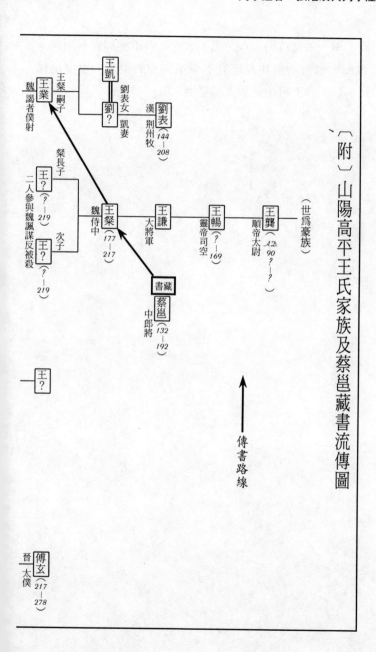

〔附〕山陽高平王氏家族及蔡邕藏書流傳圖

來的，根本用不著作校勘工作，更不會允許有重疊的資料出現。
在解釋方面，他對章句和義理有不少不調和的現象，也提出修
正。因此，《列子》不可能是張湛編纂的。

阮籍與嵇康

從嵇康《與山巨源絕交書》透視阮籍

前　言

　　嵇康的《與山巨源絕交書》，是一篇表白「不忮不求」的千古奇文。當司馬家要完成篡奪曹魏政權之時，山濤請嵇康代他出任尚書吏部郎，嵇康乃寫此書與山濤絕交，拒絕被收編，公開與司馬家絕裂，而終至於被殺，嵇康是令人無限景仰的千古奇人。其人其文，不愧劉勰所說：「實志高而文偉。」①

　　此文歷代評論者不少，但似乎未見對其中論及與阮籍相比的一段文字，加以注意。《與山巨源絕交書》：

> 「阮嗣宗口不論人過，吾每師之，而未能及。至性過人，與物無傷，唯飲酒過差耳；至為禮法之士所繩，疾之如讎，幸賴大將軍保持之耳。吾不如嗣宗之賢，而有慢弛之闕，又不識人情，闇於機宜；無萬石之慎，而有好盡之累，久與事接，疵釁日興，雖欲無患，其可得乎？」

　　嵇康寫此書於魏陳留王曹奐景元二年（261年），書中還特別強調「又每非湯、武而薄周、孔，在人間不止此事，會顯世教所不容，此甚不可一也。」這正與司馬家的意識形態相對立，司

馬昭標榜湯武革命，堯舜禪讓，及「欲遵伊（尹）、周（公）之權，以安社稷之難。」，嵇康膽敢批其逆鱗，已存心豁出去了。而此年稍早，阮籍卻代司空鄭沖撰寫擁司馬昭為晉公爵位的《勸進牋》，這位嵇康的老朋友，位尊為司馬昭左右的散騎常侍，爵居為關內侯，正得到司馬昭之寵②。二人的處境，相形之下，這一段文字不僅不是恭維阮籍，也不是泛泛比較而已，而恐怕是對阮籍的冷嘲熱諷。我重新把它組合為性格發展、言論批判、政治歷程三方面，以探尋嵇康眼中的阮籍的種種表現，進而用現代觀點分析阮籍的言行，並比較兩人的差異現象。

第一：性格發展

嵇康稱阮籍天性曠達，不得罪於人，表面上是肯定，其實指畏縮膽怯。但接下來就不客氣的說喝酒太多是毛病，以至被禮法之士所忌恨，但都賴大將軍司馬昭袒護他，話中有話。

第二：言論批判

嵇康稱阮籍不談人的過失，言論至為謹慎。如下文所說的「萬石之慎」③。而嵇康根本不能及，他放言批評當世，書中所言「甚不可」做官的二事④，都是忍不住隨時要批判社會的不義。

第三：政治歷程

嵇康自稱：不如嗣宗之賢才，而處世怠慢，不識人情，不通機變。道盡了兩人政治歷程以及與司馬家的不同關係，而導致不同的下場。

總之，嵇康給山濤的書信，是說：「抱歉，我不是阮嗣宗，不能接受你推薦的官。」以下的論述，即以此三點而展開的。

一、性格發展

㈠花瓶與酒精中毒

阮籍爲建安七子之一的阮瑀之子，三歲喪父，八歲能屬文⑤，十四、五歲少年時讀書詩⑥，學擊劍⑦。《晉書·阮籍傳》⑧：

「籍容貌瑰傑，志氣宏放，傲然獨得，任性不羈，而喜怒不形於色。……籍本有濟世志，屬魏晉之際，天下多故，名士少有全者，籍由是不與世爭，遂酣飲爲常。」

所稱阮籍即然「任性不羈」，就不應「喜怒不形於色」，那是因爲天下多故，名士多被殺，所以和嵇康一樣，懾於環境，喜怒不形於色⑨，而且也與竹林七賢一樣皆好飲酒⑩。

然而阮籍的過分酗酒，使這位「奇才異質」⑪「才藻艷逸」⑫比擬司馬相如⑬的名士，一生都過著慢性的「酒精中毒症」（alcoholism）。他的畏縮膽怯，與酒是相互影響的。七賢中他與劉伶兩人堪稱酒鬼，不論是酒或藥酒，他們兩人都曾裸祖豪飲⑭。劉伶常乘鹿車，攜一壺酒，叫人帶鍬隨後，說「死便埋我」這種人過著他自稱「惟酒是務，焉知其餘」（〈酒德頌〉）⑮的生活，以至有阮籍與劉伶「並醉而死」⑯的傳說。

司馬昭圈住阮籍，一是爲控制政權，對名士拉攏。二是以阮籍爲花瓶，以召信世人。在司馬氏羈縻之下，阮籍只要掛個官名，有無做事，都沒有關係。而阮籍正好視官場爲酒廠。最初以酒來麻醉自己，來逃避現實與禍害。久之上癮，則唯酒是見，唯

酒是圖。《晉書‧阮籍傳》

> 「籍聞步兵廚營人善釀,有貯酒三百斛,乃求為步兵校
> 尉。遺落世事,雖去佐職,恆遊府內,朝宴必與焉。」

　　似乎已全心全意的投入了司馬內府之中,在觥籌交錯,既醉既飽之下,我們如何從他的行為中去窺伺其是否有理想的精神底蘊。

(二)精神分析與阮籍

　　魏晉史料有關阮籍的行為記錄留下不少,實在很適合用精神分析的方法去探討。佛洛伊德認為人的心靈有兩種結構,一是心理現象有「潛意識」(unconsciousness)、「前意識」(preconsciousness)、「意識」(consciousness)。一是人格上分「原我」(id)、自我(ego)、超我(superego)。

　　「原我」是「原欲」(libido,又譯:里比多)的所在,是「一個充滿沸騰的興奮之釜」。依「快樂原則」來滿足本能之需要,完全在「潛意識」之中,是無善無惡,不具有任何價值的判斷。「自我」在「潛意識」與「前意識」之間,它以「現實原則」取代「快樂原則」,自我由於潛抑作用(repression)。而使「自我」與「原我」分離,使「原我」受節制。而「超我」一部分屬意識範圍,大部分為潛意識。它是依「道德原則」來維護人的尊嚴。⑰

　　阮籍處在一個白色恐怖的時代,他不斷的把個體意識所不能接受的外來沖擊,與社會經驗排斥於個人意識之外,即不斷以「現實原則」來節制「原我」,可是現實環境必須以屈服、投歸

司馬家為前提，因此心理防衞機制（mental defence mechanism）產生轉移作用（displacement）或反向作用（reaction formation）或轉移攻擊作用（displaced aggression）。

闫阮母喪禮與轉移作用

阮籍既然做一個乖乖牌，死心塌地當司馬昭的家臣，這不是他的「原我」，他只有在司馬昭前面放肆他的飲食行為，這是司馬昭可以容忍的，他從「轉移作用」來舒解他矛盾的情緒，撫平他內在的屈辱，並以此來表現自己依然是「方外之士」[18]。《世說新語·簡傲》：

> 「晉文王功德盛大，坐席嚴敬，擬於王者。唯阮籍在座，箕踞嘯歌，酣放自若。」

又阮籍母親去世時，阮籍正與人下棋，噩耗傳來，對方要求停手，籍不肯，一直要下到完，以賭輸贏。然後飲酒三斗，再叫一聲，吐血數升。[19]

喪期中，還在司馬昭前面大吃酒肉。司隸校尉何曾在坐，指責阮籍不孝，「宜流之海外，以正風敎」。司馬昭替阮籍說話，而「籍飲噉不輟，神色自若。」[20]

阮籍自幼失孤，寡母撫養成人，是影響阮籍一生最重要的人，籍又至孝，但初聞死訊不為所動。至將葬，酒肉亦皆不停。這樣的表現，是一種「反向作用」，是在自我防衞機制對某些不被允許的沖擊而故意做出相反的舉動。這是明顯違反社會規範和倫常，與《晉書》本傳稱「籍不拘禮敎」無關。或許在酒精的麻痺下，阮籍已有了精神障礙（Mental Disorders），他的吐血，是

因為胃壁的破裂。㉑

在喪禮中，嵇康的哥哥嵇喜來弔喪。嵇喜熱衷名利，阮籍以為是「禮俗之士」，翻白眼見他；而嵇康帶酒琴到，以青眼（正常）見他。㉒弔喪，是古代的大事，高官名士或其親人逝世，甚至遠及千里，其或不識者亦前往弔喪，未有喪主以白眼待人。阮籍自己也與嵇喜一樣為司馬昭屬下，比起不做官的嵇康，自己未必就是「方外之士」，然而他「轉移攻擊」，在弔喪之「禮」中，轉移一個可以攻擊的對象，以白眼對之，來滿足自我的防衛機制。

㈣阮籍與嵇康之交遊

這時，竹林之遊已息，稽康與阮籍的關係，似乎已趨平淡。兩人隨著與司馬昭親疏之不同而更加遙遠。除嵇康給山濤的《絕交書》提到阮籍外，沒有留下記錄對方的詩文。阮籍《詠懷詩·六十二》：

> 「平晝整衣冠，思見客與賓。賓客者誰子？倏忽若飛塵。裳衣佩雲氣，言語究靈神。須臾相背棄，何時見斯人。」

曾國藩稱：「此首或指孫登、嵇康之流。」黃侃亦稱：「阮公其有悲於叔夜，泰初之事乎？」此詩若指賓客是嵇康是不可能的。嵇、阮是舊交，相見不必整衣冠，嵇康《絕交書》自稱「性復多蝨，把搔無已，而當裏以章服，揖拜上官，三不堪也」裳衣佩雲氣，是章服，嵇康不做司馬家的官，早年掛名魏之中散大夫，只是虛銜，自己還要打鐵謀生。若指道士孫登還有可能。嵇康死

後，局勢緊張，未聞阮有思舊之詩，而阮亦可能酒精中毒症而奄奄一息；同年底，阮亦病逝。

(五)戀母情結

此外，阮籍對於女子的一些行徑，值得重新分析。上面說過阮籍三歲喪父，魏文帝曹丕及王粲皆作《寡婦賦》以憐阮籍之寡母。其母出身未詳，或爲豪族之後，是魏晉封建社會中受尊敬的女性，對阮籍之成長心理具有決定的因素。阮籍爲阮瑀幼子，極可能爲其母之獨子，與母生活，他有阿嫂，兄嫂住在他處，亦可能其兄早死㉓，對母親格外依戀。《晉書·阮籍傳》稱有子殺母者，籍曰：「禽獸知母而不知父。殺父，禽獸之類也；殺母，禽獸之不若。」可知阮籍的道德價值觀是母親高於父親的。史料未出現阮籍之妻㉔，無從知道其愛情的生活，但亦不排除他在婚姻生活的貧乏，那麼他與母親的關係，將更密切。其母喪的史傳資料傳世亦甚多。雖然他反對「禮法之士」，可是辦的喪事，鬧熱滾滾；他的人格表現，雖有「反向作用」，可是他真的「毀瘠骨立，殆致滅性。」他內心的至孝，肉體的創傷，一點都不是「方外之士」。他對母親的依戀，正是對若干女子怪異行爲（queer behavior）的根源。

(六)女人與退行作用

這些與女人有關的行爲，有三件事：
《世說新語·任誕》

「阮籍嫂嘗還家，籍相見與別，或譏之。籍曰：『禮爲我輩設耶。』」

《世說新語・任誕》

「阮公鄰家婦有美色，當壚酤酒，阮與王安豐從婦飲酒，阮醉，便眠其婦側。夫始殊疑之，伺察終無他意。」

《晉書・阮籍傳》

「兵家女有才色，未嫁而死，籍不識其父兄，徑往哭之，盡哀而還。㉕」

按性格的形成，西方心理學者認為：

「個人在適應世界過程中使用的心理防衛機制。在性格形成中具有核心作用的是父母形象的內在化和道德概念的規範的認同。㉖」

阮籍除性格受母親的影響外，在心理防衛機制上，是由「退行作用」（regression）心理反應回到幼稚的時代，把一切好感的女性，轉化成母親，自己變成那麼幼小，那純真行為可以任意放肆，則一個嬰兒赤子，他可以跟任何女子相見相別，甚至於同眠相臥，可以去哭弔不識女子之喪。「復歸於嬰兒」（《老子》二十八章）也是道家人生的郅治。不過這三事雖有一些表面的浪漫，卻帶有空虛惆悵。

在阮籍的〈詠懷詩〉中，隱含著對一些女子無限感傷懷念。如「二妃遊江濱」（二）的「一旦更離傷」、「嘉時在今晨」（三十七）的「辛酸誰語哉」、「朝出上東門」（六十四）的「鬱然

思妖姬」這三詩亦帶有不能成眞的空虛與惆悵。

阮籍性格的依戀性（Attachment），使佛洛伊德的戀母之伊底帕斯情緒（Oedipus complex）的戀母部分，足以來詮釋阮籍的性格發展。

(七)「時人多謂癡」與神經官能症

阮籍的性格之分歧性，還不止於這些。

《世說新語・棲逸》注引《魏氏春秋》：

> 「阮籍常率意獨駕，不由徑路，車迹所窮，輒慟哭而返。」

這是說他行爲不穩，隨意亂走，一遇挫折，便獨自哭起來。

《伏義與阮籍書》：

> 「吾子英才秀發，邈與世玄，而經緯之氣有寒缺矣。
> ……
> 「吾聞子乃長嘯慷慨，悲涕漣湲，又或撫腹大笑，騰目高視，形性恬張，動與世乖，抗風立候，蔑若無人。㉗」

這裡說他英才秀發，又說沒有經緯國家的志氣。而喜怒哀樂無常，而又驕傲自大。而且他又非常寂寞與焦慮。

《詠懷詩・十七》

> 「獨坐空堂山，誰可與歡者，出門臨永路，不見行車馬。」

《詠懷詩・三十二》：

「人生若塵露，天道邈悠悠。齊景升丘山，涕泗紛交流。」

《詠懷詩・三十三》：

「但恐須臾間，魂氣隨風飄。終身履薄冰，誰知我心焦。」

《詠懷詩・三十四》：

「臨觴多哀楚，思我故時人，對酒不能言，悽愴懷酸辛。」

又阮籍有一個嚴重的毛病，就是容易遺忘。

《晉書・阮籍傳》：

「或閉戶視書，累月不出；或登臨山水，經日忘歸。……當其得意，忽忘形骸，時人多謂癡。……遺落世事。」

這些遺忘之事，絕非如莊子坐忘的境界，而是「縱酒昏酣，遺落世事。」（《三國志・王粲傳》注引《魏氏春秋》）使然，就是因酒精中毒，而造成精神恍惚，記憶減退，意志消沈，信心喪失。這種連自己、連世事都忘記的人，怎能有社會關懷呢？更不用說有道德勇氣了。古人所謂癡或癡狂，即是今日通稱的神經

病。《論衡·率性》「有癡狂之疾，歌啼於路，不曉東西。」魏晉時王湛，人亦「以爲癡」。㉘雖然缺乏阮籍身體及健康狀況的資料，但似乎可以確認阮籍是有「神經官能症」（neurosis）的跡象或傾向。在外人來看，種種的行爲，都是酗酒而來，這也是事實，怪不得嵇康要公開對他發牢騷「與物無傷，唯飲酒過差耳。」

㈧嵇康與酒

嵇康與魏晉名士一樣皆能酒、好酒。但不以酒聞名。他死後傳世的二篇傳記，一是其兄嵇喜的《嵇康傳》說：「恬靜無欲，性好服食。」㉙一是《晉書·嵇康傳》亦說：「恬靜寡欲，含垢匿瑕，寬簡有大量。……常修養性服食之事。」皆未談飲酒事。至於服食，是指藥石。

嵇康身體高大，風儀俊秀。未酒時爲「若孤松之獨立」，既醉「若玉山之將頹。」㉚他平日也飲酒。但可能很少醉。晚年所寫給山濤的《絕交書》亦稱「濁酒一杯，彈琴一曲，志願畢矣。」寫給兒子嵇紹的《家誡》在結尾就要兒子「愼不當至困醉」：

> 「不須離摟，強勸人酒，不飲自己，若人來勸，己輒當爲持之，勿誚勿逆，見醉薰薰便止，愼不當困醉，不能自裁也。」

不要勸人喝酒，亦不爲人所勸，見醉則止，堅持不飲。不要喝到醉而不能控制。嵇康不被司馬家收編，還投入社會運動，甚至涉及政變。其所受的壓力及煎熬，迥非阮籍所能比擬。他雖剛毅，猶能自制，然還是不免於遇害。

二、言論批判

㈠「天下之至愼者」——阮籍

249 年司馬氏發動高平陵政變而掌權，不久，阮籍即被大將
軍司馬師收編爲幕下的從事中郎。司馬師死，其弟司馬昭繼任，
阮籍更長期在其下任官。《晉書・阮籍傳》說他當時的情形：

> 「籍雖不拘禮教，然發言玄遠，口不臧否人物。」

「不拘禮敎」是放情酒肉，「玄遠」是談老莊、談大人。
「不臧否人物」是不談論古今人物的好壞得失。《世說新語・德
行》「晉文王（司馬昭）稱：阮嗣宗至愼，……未嘗臧否人
物。」劉孝標注引李康《家誡》

> 「昔嘗侍坐於先帝（司馬昭），時有三長史俱見臨，辭
> 出。上曰：『爲官長當清，當愼，當勤。……三者何先？』或
> 對曰：『清固爲本。』復問吾，吾對曰：『……愼乃爲大。』上
> 曰：『卿言得之矣。可舉近世能愼者誰乎？』吾乃舉故太尉荀
> 景倩、尚書董仲遠……上曰：『此諸人者、溫恭朝夕、執事
> 有恪，亦各其愼也。然天下之至愼者，其唯阮嗣乎！每與之
> 言，言及玄遠，而來嘗評論時事，臧否人物，可謂至愼
> 乎！』」

此處精明機變的司馬昭擺明要自己的屬下具有清、愼、勤的
條件，而三者又以愼爲先，其至愼者，就是不要「評論時事，臧

否人物」，阮籍自甘屈就這個標準，而且還成了司馬昭口中「天下之至愼者」，來向天下人號召。對於「志氣宏放，傲然獨得」的阮籍，不是窩囊透頂嗎？孔子說：「天下有道，庶人不議。」《論語・季氏》。傳統知識份子，在哪一個時代不議呢？雖不致於要如嵇康的「剛陽疾惡，遇事便發」，但適度的調整尺度，何必爲天下第一呢？阮籍之懦弱可見一斑。

(二)明與膽

嵇康的《明膽論》以爲一般常人不是「明於見物」（明）就是「勇於決斷」（膽），所以「明膽異氣，不能相生」。他雖然舉古代「子家軟弱，陷於弑君；左師不斷，見逼華臣」來說明「皆智及之而決不行也。」㉛，但這只是「略舉一隅」而已，他目睹應該是象徵清流的那些竹林之友，在司馬家的籠絡與分化下，雖然能「明於見物」而不能「勇於決斷」。阮籍、山濤都投向司馬爲官，他們的「明」與「膽」顯然是兩回事了。

竹林之遊，主要在高平陵政變之前，到了阮籍、山濤做官以後大概就終止。嵇康是「七賢」的核心、主導者，竹林即在他的家鄉河內山陽。司馬家瓦解了七賢的交遊，但不能屈服嵇康。嵇康可能繼續與意識上反司馬的人物來往㉜。從此與阮籍的距離越來越遠。約在高貴鄉公正元元年（254年）起，嵇康所交往都是在野的人物有孫登、王烈、向秀、呂安、阮侃等和大批太學生，知名的有趙至。其中與呂安的友好關係超過任何人，大概兩人處境相似，意向相投，終於相互牽累，同時遇害㉝。而阮籍在文獻上並沒有記載與什麼人交往，大概只有官場的同僚與酒友吧！

㈢阮籍酒友──袁準

其中有一個未被注意過的人物──袁準。這個袁準，就是嵇康始終都拒絕教他〈廣陵散〉的袁孝尼。《文選‧思舊賦》注引《嵇康別傳》：

「（嵇康）臨終曰：『袁孝尼嘗從吾學〈廣陵散〉，吾每靳固之不與，〈廣陵散〉于今絕，就死命也。』」

既然嵇康堅決不教他，惋惜的是〈廣陵散〉一曲的失傳。為何不肯教袁孝尼呢？大概跟袁準的風格有關。袁準「忠信公正，不恥下問。」㉞是忠信好學之士，然而也是能保有名位富貴的禮法之士。

準有儁才，泰始為給事中，袁氏子孫世有名位，貴達至今。㉟

還有袁準著〈才性論〉，有片斷佚文留下：

「凡萬物生於天地之間，有美有惡。物何故美？清氣之所生也。物何故惡？濁氣之所施也。……賢不肖者，人之性也。賢者為師，不肖者為資，師資之材也。然則性言其質，才名其用，明矣。㊱」

性是質，才是用，才性為一體，那麼正是才性論的合同派，與嵇康、呂安的離異派正是相對立的。合同派正是袒護司馬家的

官學，是鍾會所倡導的。那麼嵇康厭惡這一批人是理所當然的。

　　然而這位袁準，正是阮籍的酒友。司馬昭要進晉王爵位，司空鄭沖找阮籍寫〈勸進文〉，阮籍正好在袁孝尼家中酒醉：

　　　「籍時在袁孝尼家，宿醉扶起，書扎為之，無所點定，乃寫付使。時人以為神筆。㉗」

在嵇康看來，也許是阮籍又進一步的投靠司馬。

㈣「移風易俗，莫善於樂」

　　阮籍雖然心中也嚮往道家的逍遙，反對儒家的禮法。但其思想的基本構色，依然是以「養徒三千，升堂七十，潛神演思，因史作書」㉘的孔子及儒家為底色的。最典型是〈樂論〉一文，這是繼承《禮記・樂記》而加以發展：

　　　「聖人之作樂也，將以順天地之體，成萬物之性也。……故律呂協則陰陽和，音聲適而萬物類，男女不易其所，君臣不犯其位，四海同其觀，九州一其節。㉙」

這正是他在晚人所著〈勸進表〉「聖王作制，百代同風」㊵八個字的詮釋。

　　雖然阮籍把「自然」潑灑其上，以為「風俗移易而同于是樂，此自然之道，樂之所始也。」並有「不爭」「質靜」「靜重」㊶等道家色彩之詞。綜合〈樂論〉，仍以刑、教、禮、樂做為統治者之牧民工具：

「刑、教，一體；禮、樂，外也。刑弛則教不獨行，禮
廢則樂無所立。尊卑有分，上下有等，謂之禮；人安其生，
情意無哀，謂之樂。……禮定其象，樂平其心，禮治其外，
樂化其內，禮樂正而天下平。㊷」

再看嵇康的〈聲無哀樂論〉，秦客所稱的「治亂在政，而音聲
應之。故哀思之情，表於金石；安樂之象，形於管絃。」㊸這即
是仲尼有言：移風易俗，莫善於樂。」而代表嵇康的東野主人，
認為樂聲沒有哀樂之情，不能移風易俗。「風俗移易，不在此
也。」㊹嵇康切斷了禮樂與教化的關係。並對秦客所稱：季札觀
樂就知各國政事，孔子聞韶樂就知虞舜德政云云，加以抨擊說：
「仲尼之識微，季札之善聽，固亦誣矣，此皆俗儒妄記，欲神其
事而追為耳。」㊺指這是俗儒所偽造的政治神話。而阮籍的〈樂
論〉，正與秦客的觀點基本上相同。

這兩篇有關音樂的論作，都是寫於政局比較穩定的正始年間
㊻。出身於「家世儒學」㊼的嵇康，從年輕起，思想上就不很儒
學；尤其做為才性論之離派其一貫性原則，終生不渝。在〈釋私
論〉提出「越名教而任自然」㊽「棄名以任實」㊾，以為名教與
自然、名與實皆是分離的。

㈤依違於名教與自然之間

阮籍始則但知有名教而已。在〈通易論〉中，為「先王」之
「建萬國，收其心」，為「君子」之「一類求同，遏惡揚善」，
以陳述該如何鞏固政權之理論。為且進而談及「求位」「求君」
之道：

「尊卑有分，長幼有序。主之以震，守之以威。……漸以進之，為人求位，君子之欲進者也。臣之求君，陰之從陽，委之歸誠，乃得其所。⑩」

為統治者獻策，為求位者獻言，阮籍完全是名教中人。後來他的一些道家論著作，雖講「自然」，實亦依違於名教與自然之間：〈通老論〉

「聖人明於天人之理，達於自然之分，通於治化之體，審於大慎之訓，故君臣垂拱，完太素之樸；百姓熙洽，保性命之和。」

這哪裡是《老子》八十一章內的思想，多為漢儒及易傳的觀念。大慎之訓，是阮籍的人生觀；君臣垂拱，是阮籍的政治觀。〈通老論〉又說：

「道者。……《易》謂之『太極』，《春秋》謂之『元』，《老子》謂之『道』。三皇依道，五帝仗德，三王施仁，五霸行義，強國任智：蓋優劣之異，薄厚之降也。⑪

以儒家經書解「道」。然後以三皇五帝來行道德，三皇五帝以及三代的禹、湯、文、武、帝王，是儒家的帝系與政統，與孟子性統說相近，這並不是道家的帝系。⑫當然他是以道家退化史觀與《老子》三十八章為架構的，而內容精神則是儒家的。可是值得注意的是阮籍用「智」來代替「禮」字。老子特別強調「禮者、忠信之薄，而亂之首也。」⑬不知阮籍心中還是有「禮」

否？而不忍批判「禮」，與〈達莊論〉情形一樣。

　　〈達莊論〉主要發揮莊子齊物思想，缺乏批判性與指責名教。在文章結尾部分說

　　　「述道德之妙，敍無為之本。……形神在我而道德成，忠信不離而上下平。⑭」

　　這主要還是老學，不是莊學。尤其莊子並不主張忠信⑮。老子以為「禮」使「忠信」變成微薄，而阮籍在文中亦稱「名利之途開，則忠信之誠薄。」這實在是指「禮」所造成的禍害，可是阮籍似乎不願意提到「禮」字。阮籍寧可使用有儒家味的「忠信」（按袁準號稱「忠信公正」），而不願意從老子的角度來非「禮」。至於文章的主題是「達老」或「達莊」，似乎醉酒的阮籍無暇去思考了。

㈥孫登與〈大人先生傳〉

　　再談到一個重要的人物——孫登，和阮籍一篇重要的文章〈大人先生傳〉。孫登是居住在汲郡蘇門山上的道士，他是《晉書・隱逸傳》的頭一號人物，為人寬厚，「見者皆樂之」。他恐怕是反司馬的異議人士而隱於山中，當時司馬家的爪牙，到處「散在人間」⑯，使孫登畏懼，對外來人，皆閉口不講話。《晉書・孫登傳》：

　　　「或謂登以魏晉去就，易生嫌疑，故或嘿者也。⑰」

　　逢人不敢開口的現象，一如〈隱逸傳〉的另一人范粲一樣。⑱

司馬昭接獲有人報告這個消息，很不放心，便派大名士阮籍登山探視孫登，可見孫登聲望不凡，而阮籍亦甘被驅馳。

《晉書‧阮籍傳》：

> 「文帝聞之，使阮籍往觀，既見，與語亦不應。」

《世說新語‧棲逸》注引《魏氏春秋》說阮籍見孫登「談太古無為之道，論五帝三王之義。」孫登不應，目都不看。阮籍乃長嘯，孫登亦長嘯應之，這才取得孫登的信任。當時，似乎沒有交談。阮籍便離開。《魏氏春秋》又說⑤：

> 「籍歸，遂著〈大人先生論〉，所言皆胸懷間本趣，大意謂先生與己不異也。觀其長嘯相和⑥，亦近乎目擊道存矣。」

又據《水經注‧洛水》：

> 「臧榮緒《晉書》稱：太祖聞之，使阮籍往觀與語，亦不應。……求與俱出，登不肯。籍因別去，登上峯……籍更求之，不知所止。推問久之，乃知姓名。⑥」

由此知阮籍是奉命拉孫登下山做官，孫登不肯，他猶不死心。這與後來嵇康為學仙道師事孫登三年的關係，甚為不同。⑥而阮籍的用心難知。這一次的行程，應該多少受到孫登人格的感召，但他個人的形象與良知亦受相當的損傷。因此毅然寫〈大人先生傳〉公開用文字宣告反對「禮法」，並似乎要與他的官宦生

活及司馬昭劃清界線。這是他一生中最勇敢的一篇作品。

　　大人先生泛指道、自然、神仙、孫登以及阮籍精神所託的理想世界。無可否認的對現實世界作極嚴峻的批判，尤其對統治政權及君子禮法之鞭笞不下於嵇康的〈太師箴〉。〈大人先生傳〉：

> 「君立而虐興，臣設而賊生，坐制禮法，束縛下民，欺愚誑拙，藏智自神，強者睽眠而凌暴，弱者憔悴而事人，假廉以成貪，內險而外仁，罪至不悔過，幸遇則自矜，……今汝尊賢以相高，競能以相尚，……竭天地萬物之至以奉聲色無窮之欲，此非所以養百姓也。於是懼民之知其然，故重賞以喜之，嚴刑以威之，財匱而賞不供，刑盡而罰不行，乃始有亡國戮君潰敗之禍，此非汝君子之為乎？汝君子之禮法，誠天下殘賊，亂危、死亡之術耳。⑥ 」

然而他的用意並不只是一味批判，在首尾一再強調大人先生志在去外，沒有野心，而且已不知去向，開頭說：

> 「先生不以世之非怪而易其務也。先生以為中區之在天下，曾不若蠅蚊之著帷，故終不以為事，而極意乎異方奇域……徘徊無所終極，遺其書於蘇門之山而去，天下莫知其所如往也。」

結尾又重申說：

> 「若先生者，以天地為卵耳，如小物細人欲論其長短。議其是非，其不哀也哉。⑥ 」

目的是要澄清外界及打小報告者對大人先生的疑慮。⑥

㈦伊尹‧周公與司馬昭

這一篇文章並沒有引起司馬家的注意，畢竟阮籍在行動上一向乖乖的扮演一個稱職的花瓶，尤其從來不敢談及司馬昭自比伊尹、周公攝政的角色，不敢指出禮法之士的祖宗——孔子。這就是嵇康所說的「阮嗣宗不論人過」的重要所在。

阮籍不僅不敢批，卻反過來捧。〈四言詠懷詩‧其一〉

> 「於赫帝朝，伊衡作輔。⑥」

在〈為鄭沖勸晉王牋〉更公然的指司馬昭為伊尹、周公：

> 「昔伊尹，有莘氏之媵臣耳，一佐成鄭，遂荷阿衡之號；周公藉已成之勢，據既安之業，光宅曲阜，奄有龜蒙；……自是以來，功薄而賞厚者不可勝數，然賢哲之士猶以為美談。⑥」

而在高貴鄉公曹髦未被殺之前，曾至太學懷疑周公殺兄管叔、弟蔡叔之事，太學博士對此敏感問題不敢作答。嵇康乃作〈管蔡論〉

> 「管蔡皆服教殉義，忠誠自然，是以文王列而顯之，發旦二聖舉而任之……周公居攝，邵公不悅，推此言，則管蔡懷疑，未為不賢。⑥」

　　認爲管蔡沒有錯，有問題的是周公，公然與司馬昭挑戰。抗拒司馬家居攝的合法性。這種道德勇氣，不是阮籍所能望其項背。

　　至於懷疑孔子、批評俗儒，⑥⑨以及「以六經爲蕪穢，以仁義爲臭腐。」⑦⑩等對統治者賴以維繫統治的道德文化加以攻擊，亦非阮籍所能想像。

　　總之，就言論的層面看，阮籍除〈大人先生傳〉外，皆不敢言，不敢論；對人物的批判，更是闕如。

三、政治歷程

㈠個人是決定政治立場的主要因素

　　史稱阮籍「志氣宏放」又「有濟世志」⑦①。奈何在正始時期，曹、馬暗爭，潛藏危機。他拒絕了太尉蔣濟的徵辟。⑦②有伏義其人，發書鼓勵他出來「定動立事，撫國寧民。」他大罵「欲銜傾城之金，求百錢之售。……其陋可愧，其事可悲。」⑦③然而畢竟他還是做了尚書郎，及曹爽的參軍。在高平陵政變的前一年，由於敏銳的政治嗅覺而稱疾辭去參軍，歸隱鄉里，躲過大禍，「時人服其遠識」⑦④。遠視是政治的眼光，而不是「歎其僥倖」，這一點足以看出阮籍的風格，對司馬家而言，阮籍也是一筆可以拉攏、信任的「安全資料」。

　　古來談及阮籍者多涉及他是親曹魏、親司馬，甚至親劉漢的背景問題。固然家世、出身會影響政治立場，尤其在近代民主主義運動及強烈的意識形態主張中特別重要，然而在「學而優則仕」的封建社會，這是比較模糊的，是次要的。主要是個人的性

格、思想及當時外在的環境才是主要決定的因素。如果把嵇康之
死，和因娶妻曹家宗室而與親魏連成關係，那麼我們該如何來解
決其兄嵇喜親於司馬而其獨子嵇紹又以身護晉惠帝司馬衷而殉死
呢？⑦

所以可資以來分析阮籍政治動向的資料，除了六朝人所追記
的史料外，主要是阮籍留下來的作品。可惜他一生「至慎」，作
品都是朦朧煙霧，似花非花。在其作品中，文字比較具體的文、
論的部分當然找不到有親曹魏之處；在最易流為生澀隱晦的〈詠
懷詩〉，卻有不少認為是親魏反司馬之作，主要是受到《文選五臣
注》的影響。其後注者的不斷渲染，使阮籍成為曹魏的「忠臣」
⑦。事實不論在曹氏或司馬氏當家的時代，阮籍都有苦悶，但司
馬家時代所受的壓力更大，這是他個人的「明」與「膽」所激起
巨大的矛盾之潮，衝擊內心，不能平靜，而借酒澆愁，使原本閃
爍其辭的詩句，更格外晦澀。要透過〈詠懷詩〉如五臣注《文選》一
樣具體的指出與某一史事相關是不可能的事，多為郢書燕說，牽
強附會。連李善也說：「雖志在刺譏，而文多隱避，百代之下，
難以情測。」⑦沈德潛說：「阮公詠懷，反覆零亂，興寄無端，
和愉哀怨，雜集於中，令讀者莫求歸趣，此其為阮公之詩也，必
求時事以實之，則鑿矣。」⑱允為正論。

㈡阮籍與司馬家的關係

阮籍在司馬家大屠殺時代，開始被收編為從事郎中，十四、
五年間大抵都在司馬家父子、兄弟下做官。是否阮籍拒絕做官、
或中途退隱，就一定會遭殺身之禍？這恐怕不然，阮籍雖曾為曹
爽參軍，但與曹爽及何晏等皆沒有特殊關係，與後來被司馬家所
殺有影響力的將領、官僚，如王凌、夏侯玄、李豐、毋丘儉都沒

有來往的資料。

在當時也不是說士人除了屈服做官，就只有被殺一途。上文所說：被司馬昭稱爲「溫恭朝夕，執事有恪，亦各其愼」之一的董仲達，後來見天下將亂，乃與妻荷擔入蜀，莫知其所終。⑦即可學董仲達的隱居之途。其次，可以逐步抽身而退。如范粲，擺明是反司馬人物，但逐步拒絕徵召，全身而退。⑩要不然最壞的打算，是置之死地而後生。阮籍之友袁準的父親袁渙即是一例⑪。

然而阮籍卻選擇被收編之一途，慢慢成爲司馬宴席上的清客。「恆遊府內，朝宴必與焉。」⑫與司馬昭似乎還建立了親密關係。「晉文帝親愛籍，恆與談戲，任其所欲，不道以職事。」⑬而且阮籍常飲酒鬧事，或行爲怪異，或居喪吃肉，被何曾等人公開嚴厲的指責爲「敗俗之人也」，都賴司馬昭袒護⑭。這即是嵇康〈絕交書〉所說：「至爲禮法之士所繩，疾之如仇，幸賴大將軍保持之耳。」

顯然的是把阮籍如花瓶一樣的保護著。而阮籍在行動上也不得不死心臣服於司馬。並也有相當程度的發言權。而曾經向司馬昭推薦他一個同鄉叫盧播的三十二歲青年。說：

> 「蓋聞興化濟治，在于得人，收奇拔異，聖賢高致。……明公公侯，皇靈誕秀。……盧播……少有才秀之異，長懷淑茂之量；耽道悅禮，仗義依仁。⑮」

此文對於「明公」司馬昭盡其吹拍之能事，再也很難相信他不願意做官，那有自己不欲，還推薦別人，而且還大談此人的道、禮、義、仁。與他所忌恨之「禮」，判若兩人。如果說《勸

晉王牋》，是迫於形勢，半推半就寫成的，那麼這一篇《與晉王薦
盧播書》又該怎麼解釋呢？

若嵇康知道有此書，不是要百感交集嗎？

還有值得注意的是阮籍還在司馬家掌控下參與編撰《魏書》的
工作，主其事者是王沈，王沈是司馬家的人，當高貴鄉公曹髦在
宮中罵：「司馬昭之心，路人所知也」並帶衛兵衝出時，便是王
沈向司馬昭打報告的。此書袒護司馬。唐劉知幾《史通》說「其書
多爲時諱，殊非寧錄。」並且指責阮籍說：「嗣宗沈湎麴蘖，酒
徒之狂者，斯豈能錯綜時事，裁成國典乎？」⑧則知阮籍又參加
了一項司馬家的文化建設，但可能不稱職。

(三)阮籍、嵇康與政局發勢

現在把從高平陵政變後，阮籍、嵇康二人與司馬家的關係以
及政局發展的動態，依年次簡略分述如下：

249 年：司馬懿發動高平陵政變，殺曹爽、何晏等八族。司馬懿
　　　　爲太傅，阮籍爲從事中郎。嵇康在河內山陽故居。

251 年：司馬懿攻殺王凌及其子王廣。

253 年：嵇康與向秀、呂安交往頻繁。與呂安在山陽種菜，與向
　　　　秀在洛陽打鐵謀生。

254 年：司馬師殺夏侯玄、李豐、許允。廢齊王曹芳，立高貴鄉
　　　　公曹髦。封有功傅嘏爲武鄉亭侯，鍾會與阮籍爲關內
　　　　侯。阮籍從從事中郎調散騎常侍，司馬昭欲與阮籍結爲
　　　　親家，籍大醉六十日辭婚。嵇康入汲縣山中隨道士孫
　　　　登、王烈學道。

255 年：毋丘儉在淮南起兵反司馬家，司馬師率大軍圍攻毋丘
　　　　儉，洛陽空虛，反司馬人士要嵇康在洛陽起兵響應，但

山濤阻止。同年阮籍一度自己要求出任東平大守，後又回任司馬昭大將軍府的從事中郎。而山濤亦任驃騎將王昶的從事中郎。

256 年： 阮籍爲步兵校尉。母喪，朝野名士前往弔唁。嵇康曾至洛陽弔喪。

257 年： 嵇康拒司馬徵召，躲避於河東。

258 年： 司馬昭圍攻壽春，殺諸葛誕，至此反司馬家的軍事力量皆被敉平。嵇康隱居河東。

259 年： 司馬昭要山濤任尚書吏部郎，山濤推薦嵇康代他。

260 年： 高貴鄉公曹髦被弒，改立陳留王曹奐。嵇康在家鄉山陽。

261 年： 在不斷被催促下，嵇康在山陽給山濤絕交書，拒絕司馬昭徵召。山濤出任尚書吏部郎。阮籍爲司馬昭進號晉公，寫勸進文，給司馬昭〈薦盧播書〉。

263 年： 嵇康爲好友呂安被陷害到洛陽作證而被司馬昭逮捕，三千太學生請願。秋，嵇康與呂安被殺。冬，阮籍病死於從事中郎任上。⑧

(四)阮籍的〈勸進牋〉

以上可知阮籍、嵇康兩人已經在朝野兩途，分道揚鑣。他們都知道司馬家大規模的調兵遣將屠殺異己。尤其將曹魏的思想家、名士殺戮殆盡，何晏不必論，王廣、李豐、夏侯玄都是有才德的思想家，爲時人景仰。如夏侯玄言，以司馬家爲立場的陳壽在《三國志》本傳說：「玄格量弘濟，臨斬東市，顏色不變，舉動自若，時年四十六。」

這些被殺的人物，如何晏、許允、夏侯玄、毌丘儉、曹髦等

等皆有不同程度與嵇康有關係⑧，他甚至想支援毋丘儉，這也是
嵇康被殺的主因之一。

這些反抗的事件都在東南，司馬除敵務盡，皆夷三族。茲就
《資治通鑑・魏紀》摘錄如下：

殺王凌是：

> 「諸相連者悉夷三族。發凌、愚冢，剖棺暴尸於所近市
> 三日。」

殺李豐、夏侯玄是：

> 「（司馬師）怒，以刀鐶築殺之（李豐），送尸付廷
> 尉，遂收豐子韜及夏侯玄。庚戌，誅韜、玄、緯、鑠、敦、
> 賢，皆夷三族。」

殺諸葛誕是：

> 「夷其三族，誕麾下數百人，皆拱手為列，不降，每斬
> 一人，輒降之，卒不變，以至於盡。」

這些泯滅人性、悲慘絕倫的事件，見與不見皆令人膽戰心
驚，不寒而慄。然而阮籍在半推半就下寫〈勸進牋〉，歌頌司馬昭
的功德：

> 「自先相國以來，世有明德，翼魏室以綏天下，朝無闕
> 政，人無謗言。……東誅叛逆，全軍獨克，擒閹閣之將，斬

輕銳之卒以萬萬計。」

這在嵇康看來，阮籍已淪為司馬昭的鷹犬了。在〈與晉王薦
盧播書〉稱司馬昭為晉王，如果是的話，那麼此書寫於〈勸進牋〉
之後，那麼在嵇康危殆的時刻，似乎阮籍已是耳目昏眊，不動於
衷了。

結　語

綜合上論，略可見阮籍性格之懦弱、言論之至慎，以及政治
立場之曖昧。由於原始資料的混雜性，使在區割為三項的論述，
有實際上的困難。

本論文首次嘗試以心理分析來解剖阮籍，並以對比方式來顯
現阮籍與嵇康在同時代的不同表現。而且利用若干從未使用過的
資料來探尋一些阮籍言行的問題。也許論斷對於阮籍稍嫌苛刻，
但這主要是由嵇康的觀點、立場相互對比而切入的，如果以近代
對政治人物嚴厲的檢驗標準，可能就不只是如此了。

註　釋

①《文心雕龍・書記》。

②以上參見拙作《嵇康年譜・景元二年》。

③西漢人石奮與四子皆官至二千名，景帝稱石奮為萬石君，一家皆言
　論謹慎，長子石建以「萬石君家不言而躬行」而為郎中令，寫奏文
　「馬」字少寫一點說：「上譴死矣。」甚為惶恐。見《史記・萬石
　君傳》新校本 2766 頁。

④「其不可二」是「剛腸疾惡，遇事便發。」

⑤《太平御覽》引《魏氏春秋》。

⑥阮籍《詠懷詩‧十五》。

⑦阮籍《詠懷詩‧六十一》。

⑧阮籍死於魏末，然《三國志》與嵇康皆無傳。

⑨《世說新語‧德行》「王戎云：與嵇康居二十年，未嘗見其喜慍之色。」

⑩《世說新語‧任誕》「七人常集于竹林之下，肆意酣暢。」

⑪《太平御覽》卷六十一引《七賢傳》。

⑫《三國志‧王粲傳》。

⑬《世說新語‧任誕》「王孝伯問王大：『阮籍何如司馬相如？』」

⑭《太平御覽》卷四九八引《王隱‧晉書》「阮籍有才而嗜酒荒放，露頭散髮，裸袒箕踞。」《世說新語‧任誕》「劉伶恆縱酒放達，或脫衣裸形在屋中，人見譏之。」

⑮《晉書‧劉伶傳》。

⑯《世說新語‧任誕》注引《七賢論》。

⑰佛洛伊德（S. Freud）：《精神分析論‧第三十一講心理人格的分析》488～509頁，台北‧志文出版社。

⑱指俗世之外的士人，與「禮法（俗中）之士」相對稱。《晉書‧阮籍傳》「阮籍既方外之士」。

⑲《世說新語‧任誕》注引鄧粲《晉紀》。

⑳《世說新語‧任誕》。

㉑台視文化公司：《美食與健康》：「大量喝一次酒，可能破壞胃壁的防護系統，而胃的痙攣、嘔吐也會造成胃的收縮，產生壓力而大量出血，引發食道、和胃連接部位的裂傷。」285頁。

㉒《晉書‧阮籍傳》。

㉓阮瑀有二子，長子爲阮熙，次子爲阮籍。邱鎭京敎授《阮籍詠懷詩
研究》以爲二人非同母兄弟。

㉔山濤、嵇康、劉伶等人之妻，皆見於史料。

阮籍雖無關妻子的史料，但有一子一女。

㉕又見《世說新語‧任誕》及注引《王隱‧晉書》。

㉖美國哈佛大學古特海兒敎授。見亞當‧庫珀：《社會科學百科全書》
（The social science encyclopedia）94 頁「性格障礙」
（Character Disorders）條。

㉗陳伯君《阮籍集校注》74 頁。

㉘《世說新語‧賞譽》及《晉書‧王湛傳》。

㉙《三國志‧王粲傳》注引。

㉚《語林》引。

㉛戴明揚：《嵇康集校注》，248 頁。

㉜拙作《嵇康年譜‧嘉平三年》。

㉝《世說新語‧文學》注引《向秀別傳》「秀與嵇康、呂安爲友，趣舍不
同，嵇康傲世不羈，安放逸邁俗，而秀好讀書。二子頗以此嗤
之。」《世說新語‧簡傲》「嵇康與呂安善，每一相思，千里命
駕。」注引《晉陽秋》「（呂）安字仲悌，東平人，冀州刺史招之第
二子。志量開曠，有拔俗風氣。」按嵇康兄嵇喜及呂安兄呂巽，兩
人皆有寵於司馬昭。呂巽誣陷呂安不孝，司馬昭乘機殺兩人。

㉞《三國志‧袁渙傳》引〈袁氏世紀〉。新校本，336 頁。

㉟《三國志‧袁渙傳》引荀綽〈九州記〉。按荀綽爲西晉懷帝時人。秦始
（265～274 年）爲司馬炎即位之年號。

㊱《藝文類聚》二十一。劉汝霖《漢晉學術編年‧下》卷七，68 頁。

㊲《世說新語‧文學》。又見《北堂書鈔》卷百三十三補注引《竹林七賢
論》。

㊳阮籍：〈孔子誄〉。《阮籍集校注》，195 頁。

㊴阮籍：〈樂論〉。同上，78 頁。

㊵阮籍：〈爲鄭沖勸晉王牋〉同上，51 頁。

㊶同上，81 頁、88 頁、97 頁、98 頁。

㊷同上，89 頁。

㊸〈嵇康集校注〉，196 頁。

㊹同上，223 頁。

㊺同上，203 頁。

㊻拙作《嵇康年譜・正始七年》。

㊼《三國志・王粲傳》注引嵇喜〈嵇康傳〉。

㊽《嵇康集校注》234 頁。

㊾同上，240 頁。又嵇康另有已佚的〈言不盡意〉一文，以爲語言與思
想無關，立場似亦如〈聲無哀樂論〉。

㊿《阮籍集校注・通易論》，116 頁。

51《阮籍集校注・通老論》，159～160 頁。

52《孟子・盡心上》「孟子曰：堯舜，性之也；湯武，身之也；五霸，
假之也。」按道家理想社會的帝系見於《莊子・胠篋》「子獨不知至
德之世乎？昔者容成氏、大庭氏、伯皇氏、中央氏……赫胥氏、尊
盧氏、祝融氏、伏羲氏、神農氏。」又見於〈馬蹄〉、〈盜跖〉篇。另
阮籍至蘇門山見孫登，獨言「五帝三王之義」說見下文。

53《老子》三十八章「故失道而後德，失德而後仁，失仁而後義，失義
而後禮。夫禮者，忠信之薄而亂之首。」

54《阮籍集校注》，155～156 頁。

55《莊子・內篇》不談「忠信」，《外雜篇》亦多批評「忠信」。《莊
子・天運》「夫孝悌仁義、忠信貞廉，此皆自勉以役其德者也，不
足多也。」〈刻意〉「語仁義忠信，恭儉推讓爲修而已矣。」

�554《晋書‧景帝紀》「（司馬師）帝陰養死士三千，散在人間。」

�557又見於《太平御覽》卷三九二引王隱《晋書》。

�558范粲亦反司馬家者。齊王曹芳被司馬師所廢，他素服拜送，哀慟左
右。司馬師召羣臣會議，他又不到，再召，稱疾不去，乃裝瘋不
言。《晋書‧范粲傳》新校本，2431 頁。

�559有關阮籍見孫登的經過，見《三國志‧王粲傳》注引《魏氏春秋》。
《世說新語‧棲逸》及注引《魏氏春秋》《竹林七賢論》。

�600「嘯」是一種以丹田發音的氣功養生術，亦爲不用語言來表達思想
情感的音響。南朝齊大理寺評事孫廣著有《嘯旨》。

�611酈道元《水經注‧洛水》台灣世界書局本，196 頁。

�622拙作《嵇康年譜‧喜平五年（253 年）》。

�633《阮籍集校注》，170 頁。

�644以上《阮籍集校注》，162 頁、192 頁。

�655余嘉錫《世說新語箋疏‧棲逸》引李慈銘說：「蘇門長嘯者與汲郡山
中孫登，自是二八。」主要理由是〈大人先生傳〉稱：先生「不知姓
字」。按大人先生爲自然之擬人化，自不便具體稱名道姓。

�666《阮籍集校注》，200 頁。

�677《阮籍集校注》，51 頁。

�688《嵇康集校注》，245 頁、247 頁。

�699參見二、㈣及註㊺。

�700《嵇康集‧難自然好學論》，263 頁。

�711《晋書‧阮籍傳》。

�722《三國志‧王粲傳》引《魏氏春秋》。阮籍有〈辭蔣太尉辟命奏記〉，收
入《文選》。

�733《阮籍集校注》有〈伏義與阮籍書〉及〈阮籍答伏義書〉。〈伏義與阮籍
書〉稱「大魏興隆，皇衢清敞。」並只談「吳蜀二虜巢未破。」未

言四方或東南叛逆（反司馬）之事，而且全書未見司馬家之跡，則
此書似寫於曹爽當政時代。

⑭《晉書・阮籍傳》。

⑮嵇康娶曹操之子穆沛王曹林之孫女（或女兒）長樂亭主。嵇康被殺
時，嵇紹已十歲。嵇紹是隨晉惠帝攻打其弟司馬穎，在蕩陰兵敗被
殺。爲文天祥〈正氣歌〉所云「嵇侍中血」。事見《晉書・嵇紹傳》。

⑯說見陳伯君《阮籍集校注・序》。

⑰李善《文選注》。

⑱沈德潛《古詩源・卷六》。

⑲仲達，名養。事見《世說新語・賞譽》注引謝鯤〈元化論序〉。又見
《晉書・隱逸傳・董養》。

⑳見註㊺。

㉑袁準之父袁渙，三國末，曾爲劉備茂才，後爲呂布所得，布叫他寫
信罵劉備，他一再拒絕，呂布執刀迫脅：「爲之則生，不爲則
死。」袁渙笑答以理，呂布乃止。見《三國志・袁渙傳》。

㉒《晉書・阮籍傳》。

㉓《世說新語・任誕》注引〈文二傳〉。

㉔《三國志・王粲傳》注引《魏氏春秋》。《世說新語・任誕》及注引干寶
《晉紀》。

㉕《阮籍集校注・與晉王薦盧播書》。

㉖劉知幾《史通・古史正史》「魏（曹）史……，祕書監王沈，大將軍
從事中郎阮籍……共撰定，其後王沈獨就其業，勒成魏書四十四
卷。其書多爲時諱，殊非實錄。」又《史通・史官建置》「案劉《後
漢書》曹《魏志》二史，皆當代新撰，……而舊史載其同作，非止一
家，如王逸、阮籍亦預其列……嗣宗沈湎麴蘖……」。

㉗以上參見《資治通鑑・魏紀》及拙作《嵇康年譜》。

⑧福永光司〈嵇康における自我の問題——嵇康と生活の思想〉《東方
學報》三十三册。

（ 1993 年 4 月　第二屆魏晉南北朝文學與思想研討會論文集 ）

國家圖書館出版品預行編目資料

道家史論／莊萬壽著. --初版. --臺北市：
　萬卷樓，民 89
　　面；　公分
　參考書目：面
　ISBN 957-739-276-8(平裝)

　1.道家-論文，講詞等

121.307　　　　　　　　　　89004747

道家史論

著　　　者：莊萬壽
發　行　人：許錟輝
責 任 編 輯：李冀燕
出　版　者：萬卷樓圖書有限公司
　　　　　　台北市和平東路一段 67 號 14 樓之 1
　　　　　　電話(02)23216565‧23952992
　　　　　　FAX(02)23944113
　　　　　　劃撥帳號 15624015
出版登記證：新聞局局版臺業字第 5655 號
網 站 網 址：http://www.wanjuan.com.tw/
E　 -mail：wanjuan@tpts5.seed.net.tw
經 銷 代 理：紅螞蟻圖書有限公司
　　　　　　台北市內湖區文德路 210 巷 30 弄 25 號
　　　　　　電話(02)27999490
　　　　　　FAX(02)27995284
承 印 廠 商：晟齊實業有限公司
電 腦 排 版：浩瀚電腦排版股份有限公司
定　　　價：260 元
出 版 日 期：民國 89 年 4 月初版

ISBN 957-739-276-8